Stefan Groß

Ratgeber für Unternehmer im Handwerk

Bibliografische Information der Deutschen Nationalbibliothek:
Die Deutsche Nationalbibliothek verzeichnet diese Publikation in der Deutschen Nationalbibliografie; detaillierte bibliografische Daten sind im Internet über http://dnb.d-nb.de abrufbar.

Inhaltsverzeichnis

Vorwort

Wie ein jeder weiß, gibt es Handbücher und Betriebsanleitungen für alle möglichen und unmöglichen Fälle des täglichen Lebens, sei es eine Bedienungsanleitung für eine Geschirrspülmaschine, für ein Auto oder ein Kochbuch zur Zubereitung von Speisen. Selbst ein Klappspaten wird mit einer Anleitung zum späteren Gebrauch geliefert. Einige machen Sinn, andere weniger.

In jedem Falle helfen die meisten Anleitungen dem Benutzer etwas weiter, vorausgesetzt, sie sind in einer verständlichen Sprache und gut lesbar verfasst worden. Im nachfolgenden Nachschlagewerk versucht der Verfasser dem Benutzer Hilfestellungen an die Hand zu geben, welche aus einer mehr als 35 Jahre währenden Erfahrung entstanden sind. Mancher Problemfall mag in seinen Einzelheiten abweichen, doch gibt es grundlegende menschliche Verhaltensweisen und Betriebsabläufe, welche sich auch in Zukunft kaum ändern werden.

Der Autor dieses Buches wird Ihnen keinesfalls einen Rechtsanwalt ersetzen oder hat den Anspruch, Ihnen hier rechtssichere Tipps zu geben, welche Sie bei einem Rechtsstreit verwenden können, nein, diesen Anspruch hat der Verfasser nicht. Auch eine Steuerberatung wird dieses nicht ersetzen oder Ihnen aufzeigen, wie Sie Steuern sparen können oder welche Steuermodelle die besten sind.

In diesem Buch geht es darum, erforderliche Grundlagen und Basisabläufe zu beschreiben. Gerade um Streitigkeiten zu vermeiden, diese eventuell abzuschwächen und dem Handwerksunternehmer so ein Nachschlagewerk an die Hand zu geben, das seinen Stress verringern kann. Dieses Buch soll dem Handwerksunternehmer also eine Basis verschaffen, die er braucht, um erstens zufrieden leben zu können und zweitens mit seiner Tätigkeit einen stetigen wirtschaftlichen Erfolg zu haben.

Da diese zwei Ansprüche mit einer Vielzahl von hierzu notwendigen Voraussetzungen und Maßnahmen zusammenhängen, wurde dieses Werk erstellt.

Bevor nun pragmatisch auf die einzelnen betrieblichen Abläufe eingegangen wird, erfolgen einige grundsätzliche Anmerkungen zu den charakterlichen und fachlichen Voraussetzungen, welche ein selbstständiger Handwerker bei der Neueröffnung eines Unternehmens mitbringen sollte.

Dass nicht jeder alle dieser Eigenschaften zu 100 Prozent mitbringen kann, ist auch dem Autor bewusst. Es sollten jedoch einige vorhanden sein oder eben nachbessert werden, wenn Defizite bestehen.

Betriebseröffnung –

Ihr Entschluss, als selbstständiger Handwerksunternehmer tätig zu werden, sollte aus voller Überzeugung gefasst sein:

- Sind Sie gewillt mehr, länger und effektiver zu arbeiten, als Sie es vielleicht bisher in einem Angestelltenverhältnis getan haben?
- Sind Sie bereit mit Nachdruck Ihre eigenen Interessen zu vertreten, nötigenfalls sich dafür zu streiten?
- Können Sie in Zahlen denken und mit Geld umgehen?
- Sind Sie in der Lage auf andere Menschen zuzugehen und diese zu überzeugen.
- Trägt Ihre Familie und oder Ihr Partner diesen Entschluss mit?
- Haben Sie die gesundheitlichen Voraussetzungen und sind Sie psychisch ausreichend belastbar?

1.   Fachliche Voraussetzungen

Dass Sie keine Bäckerei eröffnen sollten, wenn Sie gelernter Schlosser sind, versteht sich von selbst. Leider passiert es aber immer wieder, dass gerade Menschen die etwas *schon ein paar Mal gemacht haben* glauben, dass sie damit nachhaltig einen Betrieb führen können und das auch noch mit wirtschaftlichem Erfolg. Insbesondere dann, wenn die für verschiedene Berufsgruppen ehemals notwendigen Meisterprüfungen nicht mehr abgefordert werden (siehe z. B. Fliesenleger).

Auch wenn Sie hierfür einen speziellen Fachmann einstellen würden ist es unbedingt notwendig, dessen Kenntnisse und Leistungen beurteilen zu können. Auch Angebotsbeschreibungen, die Preisgestaltung und detaillierte Kundenberatungen werden sonst zu einem Vabanquespiel mit ungewissem Ausgang.

Zudem merkt sowohl der eigene Mitarbeiter als auch der Kunde sehr schnell, was beim Chef fachlich vorhanden ist, und da neigen leider viele Menschen dazu, des anderen Defizite zum eigenen Vorteil zu nutzen.

Sie sollten das Lesen und Schreiben beherrschen, die Grundrechenarten und heutzutage auch einen Computer bedienen können. Das Wichtigste aber ist: Sie müssen Ihr Handwerk verstehen und das in erhöhtem Maße, denn ansonsten werden Sie es schwer haben eine Leaderposition zu bekleiden.

Vorzugsweise sind Sie selbst ihr bester Mann. Dann wird es Ihnen kaum Mühe machen, dieses auch Ihrem Gegenüber – sei es ein Kunde, ein Architekt oder Mitarbeiter – glaubhaft zu vermitteln.

2. Charakterliche Voraussetzungen

Der Spruch *Wer faul ist, darf nicht dumm sein* und umgekehrt (*Wer schon dumm ist darf wenigstens nicht faul sein*), darf für Sie nicht gelten. Sie dürfen weder faul noch dumm sein! Sie müssen gescheit und fleißig sein!

Unter *gescheit* verstehe ich nicht, dass Sie eine grandiose Schulbildung haben oder über ein umfangreiches Allgemeinwissen im naturwissenschaftlichen Bereich verfügen müssen. Nein, damit meine ich, dass Sie sich bezogen auf Ihre Handwerksarbeit klar und fundiert austauschen können sollten. Auf dieser Ebene dürfen Sie sich vor keinem Lehrer, Arzt oder Professor verstecken müssen. Im Gegenteil: hier müssen Sie der Fachmann sein. Außerdem besonnen genug, um:

- keine vorschnellen Aktionen ohne eingehende Abwägungen des Für und Wider durchzuführen.
- nicht sofort zu explodieren, wenn etwas plötzlich sehr unerfreulich ist.

Eine positive Einstellung zu Menschen darf man voraussetzen, denn gerade das wird Dreh und Angelpunkt in vielen Bereichen sein.

Den Fleiß sehe ich als weitere notwendige Eigenschaft, wobei ich *Fleiß* nicht an der Menge der geleisteten Arbeitsstunden festmachen möchte, sondern an der tatsächlich erbrachten Leistung.

Wenn Sie als Maler in 6 Stunden 150 m² Tapete kleben und dann noch ein Stündchen im Büro Rechnungen schreiben, halte ich Sie für nicht weniger fleißig als den Kollegen, der in 8 Stunden dieselbe Menge Papier an der Wand befestigt und danach noch 3 Stunden für die Rechnungen benötigt. Der eine war einfach nur schneller als der andere.

Wichtig ist im Endeffekt nur, das Menge und Qualität identisch und angemessen sind.

Wie aber kommt *Fleiß* zustande?

Zum einen hilft dafür nachhaltig die Freude an der handwerklichen Tätigkeit selbst. Ein weiterer Grund kann die gewünschte Außendarstellung (z. B. als Vorbild für andere) sein. Natürlich auch die Selbstdarstellung: *Seht her – I'm the man!*

Negative Aspekte können sein:

Leistungsdruck durch Zeitmangel,

- dringend notwendige Geldmittel müssen möglichst schnell erarbeitet werden (also im Stress rackern wie wild, nur um klarzukommen).

Wenn Sie also der Meinung sind besonders fleißig zu sein, dann betrachten Sie in allererster Linie das tatsächliche Ergebnis Ihrer Leistung in Menge und Qualität.

Eine weitere wichtige Einstellung gibt uns der Leitsatz: *Geh – scheiß di net ohan!* Auch wenn sich das im ersten Moment etwas profan anhört, so ist gerade dieser Satz, welcher im Übrigen der Leitspruch einer großen Österreichischen Schuhfabrik ist, für Sie als Handwerksunternehmer zutreffend.

Mal zwei Stunden dranhängen, um eine Arbeit fertigzustellen, obwohl die Stammtischkollegen schon beim dritten Bier sind, oder auch mal am Sonntagmorgen das Angebot fertig schreiben, obwohl Sie lieber mit der Familie im Schwimmbad wären, gehört einfach dazu. Und auch dem Kunden das vierte Mal die Fliesen zu zeigen, die er für sein Badezimmer auswählen kann.

Es geht also darum, sich im gesunden Rahmen selbst zurückzunehmen, um der Sache zu dienen.

Versuchen Sie also permanent darüber nachzudenken in welcher Rolle Sie sich befinden: Sie sind der Chef! Vorbildlich in Leistung und Qualität, versiert in fachlicher Hinsicht und vor allem ein fleißiger Mensch, der fokussiert darauf ist, die notwendigen Geldmittel zu erarbeiten, damit es ihm und seinem Umfeld nachhaltig gut geht.

Denn nur wenn es Ihnen gut geht, werden Sie dieses positive Gefühl auf die Mitarbeiter und Ihre Kunden übertragen können.

Weiteres finden Sie nun auf den folgenden Seiten als Erklärung und am Ende dieses Handbuches in der Kurzzusammenfassung.

Wie Sie unschwer erkennen werden, wird nachfolgend der normale Ablauf eines Auftrages im Handwerksbereich beschrieben. Von der ersten Kontaktaufnahme über die Ausführung und Begleichung der Schlussrechnung bis hin zum Ende der Gewährleistung. Holen Sie sich die Information über die Vorgehensweise aus den jeweiligen Abschnitten.

Vorschlag:
Markieren Sie die Tipps, die Ihnen wichtig erscheinen, und bringen Sie diese in eine Rangfolge der Wichtigkeit, die für Sie passt. Auch hier gilt: Wer schreibt, der bleibt!

Erste Kontaktaufnahme

Wir beginnen also so, wie fast jeder Auftrag beginnt: Ein Interessent ruft Sie an um eine Handwerksleistung abzufragen. Folgende Dinge sind zu beachten:

1. Ist Ihnen der Kunde bereits bekannt? Wenn ja: wie verlief die letzte Anfrage oder der letzte Auftrag?
   Wollen Sie überhaupt ein Angebot erstellen oder einen Auftrag für diesen Kunden ausführen?
   Haben Sie möglicherweise Kenntnis davon, dass Kollegen bereits mit diesem Kunden zusammengearbeitet haben und wie diese Zusammenarbeit verlief?
   Ist der Kunde bekannt dafür, nur um Angebote abzurufen?
   Falls Ihrerseits kein Interesse an einer Zusammenarbeit besteht, erklären Sie ihm freundlich, dass Sie zurzeit keine Kapazitäten verfügbar haben und bedanken Sie sich für die Anfrage. Es könnte ja sein, dass Sie in Zukunft aus Mangel an Arbeit doch noch einmal in den sauren Apfel beißen müssen und diesen Kunden brauchen.

2. Ist Ihnen der Kunde nicht bekannt, also ein Neukunde, dann lassen Sie sich als Erstes die wichtigsten Kontaktdaten geben: Name, Adresse, Telefonnummer und E-Mail-Adresse. Notieren Sie diese und tragen Sie diese umgehend in Ihren Adressdatenstamm im PC ein. Es ist für jeden weiteren Vorgang der Bearbeitung notwendig, diese Daten parat zu haben. – Und natürlich können Sie so auch noch nach zehn Jahren sicher erkennen, ob und wann Sie bereits Kontakt hatten, auch wenn aus einem Auftrag vielleicht nichts wird.

3. Hören Sie sich an ob die Anfrage überhaupt in Ihr Leistungsspektrum gehört und ob Sie für den Umfang der Arbei-

ten im gewünschten Zeitraum Möglichkeiten für eine Ausführung sehen. Es nutzt wenig, ein Angebot für zwei Einfamilienhäuser zu erstellen, deren Baubeginn in drei Wochen erfolgen soll, für die Sie in den nächsten sechs Monaten aber gar keine Zeit habe.

Wenn es ein Teil Ihrer Leistungspalette ist, auch Subunternehmer zu beschäftigen, kann es natürlich wieder interessant sein, die Anfrage weiterzubearbeiten.

4. Vermeiden Sie telefonische Preisangaben über Handwerksleistungen, bevor Sie den Kunden persönlich kennengelernt und die Örtlichkeiten in Augenschein genommen haben. Abgesehen davon, dass hier nur eine Information abgerufen wird und noch kein evtl. Auftrag dahinter steht, erscheint es in der Regel unlauter, im Erstgespräch Preisangaben zu machen. Wenn später aufgrund der Umstände der Preis höher ausfallen muss, kann das einen negativen Eindruck beim Kunden hinterlassen.

5. Gehen wir davon aus, dass die angefragte Leistung in Art und Menge Ihr Interesse geweckt hat, dann erfragen Sie als Nächstes, ob es bereits ein Leistungsverzeichnis und Planunterlagen gibt, nach welchen Sie kalkulieren können. Falls ja, sollten Sie erfragen, ob dieses in einem sog. *Übergabeformat* geschickt werden kann.

Es erspart Ihnen eine Menge Arbeit bei Kalkulation und Angebotsabgabe, wenn Sie mit der entsprechenden EDV arbeiten und dieses einlesen können. Gleichzeitig können Sie einen Ortstermin vereinbaren.

Falls es noch kein Leistungsverzeichnis gibt, dann ist ein Ortstermin unumgänglich – natürlich auch, um den Kunden kennenzulernen.

6. Terminvereinbarung:

Den persönlichen Termin sollten Sie sofort in der ersten Kontaktaufnahme vereinbaren, sonst kommt der Kunde womöglich auf die Idee, einen Mitbewerber anzurufen. Das tut er möglicherweise trotzdem, aber Sie haben schon einmal den ersten Pluspunkt gesammelt.

7. Preisanfragen von Neukunden über E-Mail sollten, wenn überhaupt, nur mit einem zusätzlichen Gespräch bearbeitet werden. Die Erfolgsquoten schätze ich als gering ein. Auch hier werden oft nur Preisabfragen für *sonstige Zwecke* getätigt.

8. Schriftliche Anfragen in Form von Ausschreibungen bedürfen natürlich der gleichen Prüfungen wie zuvor beschrieben, sind aber durchaus üblich und in den meisten Fällen als seriös einzustufen. Auch hier sind eine kurze telefonische Kontaktaufnahme und eine Ortsbesichtigung zu empfehlen. Bitte nicht vergessen nach Übergabedateien zu fragen.

Beachten Sie die evtl. Submissionstermine, um nicht in Zeitnot zu geraten. Eine gute EDV gibt hierzu die Möglichkeit, die Angebotsabgabe auf Termin zu legen.

Erster Ortstermin beim Kunden

1. Seien Sie pünktlich am vereinbarten Ort!
Nichts ist negativer aus dem Blickwinkel des Kunden als Unpünktlichkeit sofort beim ersten Treffen. Sollten Sie aus wichtigem Grund erst später als vereinbart eintreffen können, rufen Sie den Kunden frühzeitig an.

2. Kleiden Sie sich ordentlich und seien Sie gepflegt.
Natürlich macht es oftmals Mühe sich für Ortstermine umzuziehen und es ist überhaupt nichts gegen eine saubere Berufskleidung einzuwenden, wenn Sie allerdings bei Prof. Dr. Dr. mit verschmutzten Sicherheitsschuhen und verdreckter Hose in der guten Stube Platz nehmen, macht das nicht nur einen schlechten Eindruck, sondern ärgert meist auch die betuchte Gattin.
Vermeiden Sie allerdings auch Anzug, schwere Goldketten und offene Tätowierungen.

3. Auch wenn Sie Sie es sicher schon einmal gehört haben, aber Deutschland ist Autoland und das Auto eben ein Statussymbol.
Fahren Sie nicht mit Luxuskarossen oder Sportwagen der Oberklasse beim Kunden vor, das wirkt auf den Kunden etwas befremdlich, fährt er selber womöglich nur einen alten Audi 80. Er wird sich vielleicht fragen, welchem Kunden Sie so viel Geld abgenommen haben, dass Sie sich so ein Auto leisten können.
Es spricht nichts gegen einen Transporter oder Kombi, allerdings keine Rostlaube mit defektem Auspuff verwenden.

4. Begrüßen Sie alle Anwesenden förmlich und nennen Sie Ihren Namen. Das veranlasst das jeweilige Gegenüber auch

den eigenen Namen zu nennen, was für Sie eine wichtige erste Information ist mit wem Sie es jeweils zu tun haben.

5. Falls Sie im Erstgespräch andere Kollegen antreffen, welche auch zu einem Angebot aufgefordert wurden, verlassen Sie die Runde mit dem freundlichen Hinweis, dass eine solche Vorgehensweise unüblich sei und Sie unter diesen Umständen den Termin nicht wahrnehmen möchten. Schon hier erkennen Sie den Charakter des Kunden und vor allem die Wertschätzung, die Ihnen entgegengebracht wird. Ich halte so etwas für stillos und sich in solchen Gesprächen evtl. fachlich mit einem Kollegen zu duellieren ist für Sie als seriösen recht schaffenden Handwerker ein No-Go!

6. Nachdem sich nunmehr alle gegenseitig vorgestellt haben, lassen Sie sich die Örtlichkeiten zeigen und erklären, was der Kundenwunsch bezüglich der Ausführung ist.

Sollten Sie der Überzeugung sein, dass die gewünschten Leistungen in der angefragten Art und Weise nicht fachgerecht zu erstellen sind, teilen Sie dies dem Kunden sofort mit und erklären, wie die fachgerechte Ausführung aussehen würde. Ein guter Kunde ist dankbar für Ihre Einwände.

Sollte der Kunde auf ein Angebot über die nicht fachgerechte Ausführung bestehen, brechen Sie den Termin ab – hier würden Sie wahrscheinlich Schiffbruch erleiden. Selbst ein Ausschluss der Gewährleistung wird Ihnen im Ernstfall später nicht helfen, da gerade Privatleute das Ausmaß Ihrer fachlichen Entscheidungen nicht einschätzen können – und schon sind Sie wieder in der Haftung.

7. Die Erfassung der Arbeitsaufgaben zu Angebotszwecken ist als äußerst wichtig einzustufen, lassen Sie sich Zeit für diese Aufgabe.

Fragen Sie, ob Sie Fotos für den Eigengebrauch zur Angebotsabgabe machen dürfen. Das hilft oft sehr gut, Details zur

Angebotserstellung nicht zu vergessen. Zudem dokumentieren Sie den Istzustand vor den Umbauarbeiten auch von angrenzenden Bauteilen, was bei evtl. späteren Differenzen bezüglich Beschädigungen dienlich sein könnte.

Machen Sie Skizzen und Aufmaße in ausreichender Menge, um nicht mehrmals anfahren zu müssen.

8. Erfragen Sie, ob Sie für die angefragten Leistungen auch Erweiterungsangebote abgeben dürfen. Dies macht Sinn im Sanierungsbereich, wenn erkennbar ist, dass Schäden innerhalb kurzer Zeit an anderer Stelle ebenso auftreten werden.

Versuchen Sie zu vermeiden, schon im ersten Termin Preisangaben oder konkrete Zeitangaben über Ausführungsdauer oder Baubeginn zu machen. Diese Angaben können Sie erst nach der erfolgten Kalkulation weitergeben.

Falls solche Angaben doch im Laufe eines Gesprächs abverlangt werden, dann beschreiben Sie knapp die Untergrenzen und dehnen Sie die Obergrenzen. Wenn die gewünschte Arbeit also erfahrungsgemäß eine Woche dauern würde, erklären Sie dem Kunden, die Arbeit dauere 5 – 9 Tage, je nach Witterung (falls außen) oder je nach Trocknungsverlauf und Materialverfügbarkeit.

9. Erfragen Sie Namen und Anschrift des Auftraggebers. Dieser muss ja nicht unbedingt einer der teilnehmenden Personen sein.

10. Erfragen Sie den gewünschten Termin der Angebotsabgabe.

Meist heißt es hier natürlich *So schnell wie möglich*. Nennen Sie dem Kunden den genauen Termin, wann er das Angebot auf dem Tisch hat und dass Sie darin alle erforderlichen Informationen wie Baubeginn, Bauzeit etc. vermerken werden. Falls Sie es für notwendig halten, dann können Sie das Angebot auch persönlich vorbeibringen und die Einzelheiten in einem weiteren Termin nochmals erläutern. Das kommt oftmals beim Kunden sehr gut an und ist eine zusätzliche Chance für eine Beauftragung. Sprechen Sie dieses Vorhaben schon im ersten Termin an.

11. Zuletzt geben Sie den Beteiligten noch Ihre Visitenkarte für den seriösen Eindruck und damit auch der Kunde die Möglichkeit hat, mit Ihnen Kontakt aufzunehmen.

Ein paar allgemeine Verhaltensweisen sollten noch erwähnt werden:

- Vermeiden Sie im Erstgespräch von *Problemen* zu reden. Probleme hat der Kunden selber genug; sprechen Sie von *Aufgaben* und vor allem von *Lösungen*.
- Suggerieren Sie dem Kunden, dass Sie seine Probleme lösen werden und bringen Sie keine neuen Schwierigkeiten auf den Tisch des Hauses.
- Vermeiden Sie das *Du* als Anrede, außer es sind Freunde oder Bekannte von Ihnen.
- Auch wenn der Kunde meint, Ihnen gegenüber das *Du* gebrauchen zu müssen, bleiben Sie beim *Sie*. Das ist ein weiterer Beleg für Ihre Seriosität und das einhergehende notwendige Auftreten.
- Reden Sie nicht negativ über evtl. Mitanbieter; abgesehen davon, dass es stillos ist, bringt Ihnen das beim Kunden keine Pluspunkte. Überzeugen Sie durch Ihre Fachkompetenz und Ihr seriöses Auftreten.
- Notieren Sie wie gesagt alle Namen, Anforderungen und Anmerkungen des Kunden sowie die speziellen Gegebenheiten. Das wirkt nicht nur seriös, sondern hilft bei der weiteren Bearbeitung. Eine evtl. Erinnerungslücke – *Wie war das denn noch mal? Wollte der Kunde eine gezimmerte Schrankwand oder einen beschränkten Zimmermann?* – schließen Sie damit weitgehend aus!

Das Angebot

Bevor Sie nun ans Werk gehen, gebe ich dringend die Empfehlung, die folgenden Aufgaben im besten Falle computerunterstützt mit einem auf Ihr Gewerk zugeschnittenen Programm vorzunehmen.

Das spart Zeit, macht die Gesamtabwicklung einfacher und verhindert Rechenfehler.

Eine fachgerechte Bedienung vorausgesetzt, ist dies Stand der Technik und lässt eine Vielzahl von Gestaltungsoptionen offen. Investieren Sie lieber eine Intensivtrainingswoche als jahrelanges Herumprobieren zu riskieren. Nur so schöpfen Sie die gebotenen Möglichkeiten des Softwareherstellers im Bedarfsfalle auch voll aus.

Es gibt eine Vielzahl von Handwerkerprogrammen. Mir persönlich ist dabei wichtig, dass von der Erfassung, Kalkulation und Mengenermittlung bis zur Fakturierung alles mit einer Software erfolgen kann. Bestenfalls gehört hier auch noch die Baustellenüberwachung dazu. Dass Sie darüber hinaus noch ein Textverarbeitungsprogramm, ein Zeichenprogramm oder ein Programm zur Tabellenkalkulation benutzen können, steht außer Frage. Den eigentlichen Betriebsablauf sollte aber das spezifische Handwerkerprogramm ermöglichen.

Informieren Sie sich auf den Messen bei den entsprechenden Anbietern, fragen Sie, was das Programm nicht kann und verzichten Sie auf Spielereien, die Sie nicht brauchen. Ein Modul, das z. B. eine Lagerbestandserfassung von Materialien bietet und zudem einen Aufpreis mit sich bringt, können Sie bei einem Unternehmen von drei Mitarbeitern vergessen. Die notwendige Zeit zur Datenpflege können Sie besser nutzen!

Bevor Sie nun mit Ihrem Angebot beginnen, stellen Sie sich die Frage, wie konkret Sie dieses Angebot dem Kunden unterbreiten möchten und welche Form es haben soll.

Folgende gängigen Möglichkeiten der Angebotsform haben Sie:

1. Das Kostenangebot

Der Titel *Kostenangebot* hört sich grundsätzlich am besten an und gibt dem Dokument schon einmal eine seriöse Überschrift. Der Kunde gewinnt sofort den Eindruck, dass hier eine konkrete Beschreibung und Preisberechnung der gewünschten Leistungen vorgenommen wurde.

2. Der Kostenvoranschlag

Ein *Kostenvoranschlag* soll dem Kunden genau wie das *Kostenangebot* den Leistungs- und Kostenrahmen nennen. Hier aber lassen Sie sich etwas mehr Luft was z. B. die Mengenangaben betrifft. Eine evtl. Abweichung der tatsächlichen Mengen wird schon im Titel vorgetragen. Das kann Vorteile haben, wenn es tatsächlich Leistungen gibt, die weder Sie noch der Kunde vor Beginn der Arbeiten genau bestimmen können.

Bedenken Sie aber bei einem Kostenvoranschlag: der Kunde könnte hier den Eindruck gewinnen, dass es sowieso teurer werden wird, wenn Sie die Möglichkeit einer Mengenerhöhung schon im Angebot andeuten. Nutzen Sie die Titulierung nicht mit dem Vorsatz, alle Mengen wissentlich zu reduzieren, um den Auftrag zu erhalten und die Mengen und somit den Abrechnungspreis nachher doch anzugleichen. Das sollten Sie als seriöser Handwerker vermeiden.

3. Die Kostenschätzung

Der Titel *Kostenschätzung* kann gute Gründe haben und ist durchaus in verschiedenen Angeboten statthaft.

Es gibt Leistungsabfragen welche sich nicht konkret anbieten lassen, ohne einer Menge handwerklicher Vorarbeiten und Prüfungen. Entweder Sie erledigen diese Vorarbeiten auf Kosten des Kunden, um ein konkretes Angebot zu erstellen, oder Sie erklären das Angebot zur *Kostenschätzung*.

Ob nun die Menge, die Art der Ausführung oder evtl. auftretende Nebenleistungen nicht zu kalkulieren sind: eine Kostenschätzung lässt dies eben weitestgehend offen. Klar zu kalkulierende Einzelleistungen können Sie dem Kunden sicher anbieten. Eventualleistungen und/oder Bedarfsleistungen sollten hier aber am besten im Einheitspreis angegeben werden. Ein späterer Auftrag auf Grundlage einer Kostenschätzung ist allerdings auch mit Vorsicht zu genießen, weil eben alles nur sehr vage beschrieben und berechnet werden kann und dies zu Abrechnungsdifferenzen führen könnte.

4.   Das Einheitspreisangebot

Hier geben Sie nur den jeweiligen Stückpreis einer Leistungs- oder Lieferungseinheit an. Ein solches Angebot wird meist bei Tagelohnaufträgen erstellt und lässt eine Gesamtmenge offen. Die Abrechnung erfolgt hierbei gegen Nachweis von Tagelohnberichten und Lieferscheinen.

Ein Einheitspreisangebot wird auch bei einer Katalogabrechnung benutzt. Hier werden vorgegebene Preise von Ihnen nur noch mit einem prozentualen Auf- oder Abschlag versehen.

Ein Einheitspreisangebot und eine damit verbundene Abrechnung im Tagelohn gegen Nachweis hat Vor- und Nachteile. Der Vorteil ist, Sie können recht schnell und preissicher einen Auftrag annehmen und die tatsächliche Leistung vor Ort kann in Ruhe erbracht werden. Vor allem bei sehr komplizierten und evtl. gefährlichen Arbeiten eine zu empfehlende Alternative. Auch bei übertrieben kritischen Kunden sollten Sie über diese Möglichkeit nachdenken.

Ein Nachteil dieser Abrechnungsmethode ist allerdings auch die fehlende Option, durch schnelleres Arbeiten in der gleichen Zeit mehr Geld zu verdienen. Hier arbeiten Sie eben als Tagelöhner zum festen Stundensatz.

Auf die richtige Vorgehensweise bei der Abwicklung von Tagelohnarbeiten gehen wir später noch ein.

Weiterhin sollten Sie sich schon jetzt damit beschäftigen in welcher Form Sie das Angebot erstellen: Wie viele Informationen möchten Sie dem Kunden mitgeben und welchen Wunsch haben Sie oder der Kunde?

Wenn Sie also schon im Vorfeld wissen, dass der Kunde einen Festpreis für z. B. die Erneuerung einer Dachfläche haben möchte, dann ist es weder notwendig noch ratsam, Einzelmengen einer Fülle von Einzelleistungen aufzuführen. Diese Angaben brauchen nur Sie als Kalkulierender, um einen Gesamtpreis zu ermitteln.

Schon hier bestimmen Sie also mit Ihrem Angebot die gewünschte spätere Abrechnungsmethode.

Aufbau eines Leistungsverzeichnisses

Vor ab sei hier erwähnt, dass Sie ab nun ein Ausschreibender sind, wie zum Beispiel ein Architekt oder Fachplaner. Das bedeutet, dass Sie für die Richtigkeit, sprich fachgerechte Ausführungstexte der von Ihnen beschriebenen Leistungen, geradestehen müssen. Selbst wenn ein anderer Unternehmer aufgrund Ihrer Beschreibungen einen fachlichen Ausführungsfehler machen sollte, wird Sie evtl. eine Teilschuld treffen.

Leider wird Ihre Haftpflichtversicherung die evtl. entstehenden Kosten in den meisten Fällen nicht übernehmen, anders als bei den Architekten oder Fachplanern. Um dies zu vermeiden, sollten Sie die entsprechenden Zusätze, auf welche ich später noch eingehe, im Angebot vermerken.

Leider bekommen Sie in den meisten Fällen keine Vergütung für Ihre Ausschreibung, was die Sache dann noch unerfreulicher macht. Allerdings rate ich dem Handwerker dazu, sich diese Arbeit **nicht** bezahlen zu lassen, selbst wenn der Kunde dies anbietet, denn dann wären Sie in jedem Fall in der Haftung und es hilft auch keine Erklärung eines Haftungsausschlusses.

Eins ist jedoch auch sicher: ohne Angebot erhalten Sie in fast allen Fällen keinen Auftrag – und nur darum geht es.

Festpreisangebot

Wie schon zuvor beschrieben, bilden Sie nur eine Position für eine Leistung, welche aus mehreren Einzel- und Teilleistungen besteht. Eine Grundlage könnte hier z. B. eine Zeichnung sein oder eine kundenseitig zur Verfügung gestellte Funktionalitätsbeschreibung.

Sie werden also die Menge mit z. B. *1,0* pauschal angeben und die Teilleistungen und Lieferungen nur textlich beschreiben, aber nicht mehr mengenmäßig definieren.

Dies ist auch anzuraten, denn bei evtl. späteren Auseinandersetzungen wird sonst aus einem *Festpreisauftrag* eine *Abrechnung nach Aufmaß* und die geht dann oft schlechter für Sie aus als der vorher kalkulierte Festpreis, in welchem Sie sich natürlich die entsprechenden Sicherheiten einkalkuliert haben. Da keine Einzelpreise definiert sind, werden diese dann unter Umständen von der Gegenseite nach Gutdünken und nicht reell angesetzt, und schon beginnen die Schwierigkeiten noch größer zu werden.

Im Grundsatz rate ich nicht zu Festpreisangeboten oder zu Festpreisaufträgen, aber dazu später.

Das differenzierte Leistungsverzeichnis

Die Art des formellen Aufbaus sehe ich als die Beste und transparenteste Grundlage eines Angebotes an. Wie es auch die Ihnen bekannte VoB – (Verdingungsordnung für Bauleistungen) vorsieht, wird hiermit schon im Leistungsverzeichnis eine Abrechnung nach Aufmaß suggeriert. Gliedern Sie hier Ihre Teilleistungen genau auf, mit Titel, Untertiteln und den zugeordneten Positionen.

Ich bitte um Vorsicht bei der Verwendung von vorgegebenen Texten. Hier werden des Öfteren Formulierungen verwendet, welche sich auf die entsprechenden DIN-Vorschriften beziehen. Können Sie jederzeit sicherstellen, dass Sie und oder Ihre Mitarbeiter diese in jeder Einzelheit kennen und umsetzen? Dass Sie nach den anerkannten Regeln der Technik arbeiten steht zwar außer Frage, aber ein Bezug auf DIN-Vorschriften stellt zumindest schon im Angebot einen sehr hohen Anspruch an Sie und die Art der Ausführung. Es kann dieser Bezug natürlich verwendet werden, wenn Sie sich in der Lage fühlen, alles nach DIN zu leisten und es grenzt Sie möglicherweise auch dem Mitanbieter gegenüber ab. Ob Sie sich dabei letztlich mehr nutzen als schaden, mag bezweifelt werden; und ich halte andere Kriterien für wichtiger.

Ich rate dazu, das Leistungsverzeichnis übersichtlich, klar gegliedert und in auch für Laien verständlicher Formulierung vorzunehmen. Die VoB und deren Bestimmungen für Aufmaß und Abrechnung helfen Ihnen dabei, Haupt und Nebenleistungen zu erkennen; machen Sie ruhig einige Positionen mehr als zu wenig – die einzelnen Beträge werden geringer, obwohl der Endpreis identisch ist. Eine starke Gliederung zeigt dem Kunden auf, wie viele Arbeitsschritte zur Gesamtfertigstellung notwendig sind und dass Sie sich wirklich Gedanken um sein Vorhaben gemacht haben. Bilden Sie Eventualposition, um mehr Sicherheit in Ihr Angebot zu bringen,

z. B. für Dinge, die erst im Zuge der Arbeiten klar zu erkennen sind. Bilden Sie Alternativpositionen, um dem Kunden die Wahl zu geben ein bestimmtes Material oder eine alternative Ausführung zu wählen.

Vermerken Sie stets Ihre Stundensätze für evtl. anfallen Tagelohnarbeiten im Angebot und nehmen Sie eine kleine Anzahl als feste Normalposition im Angebot mit auf. Sie zeigen hiermit schon im Angebot, dass Sie damit rechnen, dass hier etwas anfallen könnte. Gliedern Sie die Tagelohnsätze eventuell auch in verschiedene Berufsgruppen auf, aber nur, wenn Ihnen diese Mitarbeiter auch zur Verfügung stehen und im Bedarfsfall auch verfügbar sind. In einem evtl. späteren Auftrag ist dieser Tagelohnpuffer dann auch Vertragsbestandteil und kann in Absprache mit dem Auftraggeber bei Bedarf verwendet werden, ohne dass eine Zeitverzögerung durch die Anfertigung von Nachtragsangeboten entsteht. Hier sind alle evtl. Mehrleistungen preissicher von Ihnen zu erledigen.

Ein Leistungsverzeichnis mit Fotos zu hinterlegen ist eine weitere sinnvolle Form der Erstellung und macht das Werk noch transparenter.

Es sei noch erwähnt, dass es im Bereich der öffentlichen, beschränkten oder auch freien Vergabe **nicht zulässig** ist, vorgefertigte Ausschreibungen in Text und oder Menge abzuändern. Hiermit werden Sie in fast allen Fällen sofort aus der Wertung genommen.

Angebotsmengen

Die Mengen der Einzelleistungen sind natürlich erst einmal von Ihnen exakt zu ermitteln. Selbst für ein Festpreisangebot ist dies für Sie unerlässlich.

Nun müssen Sie entscheiden mit welchem Mengenansatz Sie die gebildeten Positionen dem Kunden präsentieren möchten. Ich rate dazu, die exakt ermittelten Mengen 1:1 zu übernehmen. Mit einem entsprechenden Zusatz, dass geringfügigen Mengenabweichungen möglich sind, beugen Sie späteren Diskussionen vor.

Setzen Sie die Mengen wissentlich zu gering an, so ärgert es den Kunden im Nachhinein, dass er mehr bezahlen muss. Setzen Sie die Mengen wissentlich zu hoch an, dann ist der Auftrag vielleicht weg, weil ein Kollege richtiger gerechnet hat. Zudem sind Sie ein seriöser Unternehmer, der sich bemüht, richtig und preissicher zu arbeiten und nicht in Erklärungsnot aufgrund falscher Mengenansätze geraten möchte.

Häufige Fehler in Angeboten:

Folgender Ausschreibungsfehler kommt immer wieder vor:

Sie möchten z. B. einen Waschtisch anbieten, mit einem Preis von 150,- €, hier z. B. als *Position 001*. In der *Position 002* bieten Sie 3,00 Std. für die Montage der *Position 001* (also den Waschtisch) an. Hier ist der Ärger schon in der Ausschreibung vorprogrammiert. Sollte der Kunde erkennen, dass der Waschtisch entgegen dem Angebot in nur 1,5 Std. montiert ist, wird er Ihnen nach der Rechnungslegung übel nehmen, wenn Sie 3 Std. berechnen. Und das ist auch von seiner Warte aus verständlich, denkt er doch, dass er eine nicht erbrachte Zeitleistung zahlen soll. Bieten Sie den Waschtisch also in jedem Falle für 300,- € inkl. Montage an. So ist alles in Ordnung: Sie können 1 Stck. abrechnen, haben noch etwas verdient und alle sind zufrieden – und nur darauf kommt es an!

Bindefristen mit eintragen!

Lohn- und/oder Materialerhöhungen gibt es nun einmal immer wieder und Sie können sich nur einen begrenzten Zeitraum an Ihre Preise halten.

Falls Sie das Angebot eines Mitbewerbers einsehen können, machen Sie nicht den Fehler, dieses 1:1 zu übernehmen. Nicht dass ich verhehlen möchte, dass Sie damit preiswerter sein könnten, darum geht es hier nicht. Hier muss zuerst einmal hinterfragt werden, ob Art und Weise des Angebotes überhaupt mit Ihren Vorstellungen einer ordentlichen Arbeit in Einklang stehen. Weiterhin soll Ihr Angebot Ihre eigene *Handschrift* tragen – ordentlich, fachlich ausgereift und umfassend! Irgendeinen Mist abzukupfern, nur um einen Auftrag zu erhalten, mit dem Sie sich aufgrund der Lücken im Angebot ordentlich Ärger einhandeln – das kann es ja nun nicht sein.

Die Kalkulation

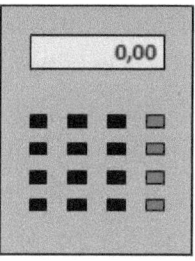

Es ist dem Autor natürlich bewusst, dass es unzählige mathematische Wege und Ansätze gibt, Handwerksleitungen zu kalkulieren, doch an allererster Stelle muss stehen:

Wie viel müssen Sie und wie viel möchten Sie verdienen? Die Antwort auf diese Frage können nur Sie selbst oder evtl. ihre Ehefrau beantworten. Sich an Preisen von anderen Anbietern zu orientieren ist grundsätzlich falsch und hat nichts mit einer seriösen Betriebsführung zu tun. Ihre Unternehmensstruktur, Ihre Kenntnisse und Fähigkeiten, Ihre Betriebsausstattung und festen Kosten als auch die Leistungen von Mitarbeitern sind zu individuell, als das Sie sich an Mitbietern orientieren sollten.

Sollten Sie die Gewissheit haben, dass Sie eine Teilleistung nicht zu marktüblichen Preisen anbieten können, dann denken Sie über Alternativvorschläge nach, möglicherweise über die Vergabe an Nachunternehmer oder über Materialpreisverhandlungen mit Ihrem Lieferanten. Machen Sie keine Parallelkalkulationen mit anderen Teilleistungen Ihres Angebotes, um einen nicht auskömmlichen Preis anzubieten. Wenn die zum Ausgleich höher beaufschlagten Positionen später nicht zur Ausführung kommen, dann machen Sie Verluste.

Um eine ordentliche Kalkulation vorzunehmen müssen Sie Ihre gesamten Selbstkosten kennen. Diese erarbeiten Sie am besten mit Ihrem Steuerberater. Je geringer die Selbstkosten, umso höher kann Ihr Gewinn ausfallen und umso größer sind die Chancen auf einen Auftrag – recht einfach.

Die Ermittlung der Allgemeinkosten und der Lohnkosten ist etwas, das Sie schon in der Meisterschule gelernt haben. Darauf einzugehen ist müßig, denn das sind grundlegende Voraussetzungen, die Sie mitbringen müssen, um ein Handwerksunternehmen zu leiten.

Die Zeit ist meistens Ihr größter Kostenfaktor, nicht nur in Bezug auf die zu vergütenden Lohnstunden Ihrer Mitarbeiter. Je höher die Leistung, umso schneller haben Sie eine Arbeit erledigt, umso eher bekommen Sie Ihr Geld und umso schneller können Sie beim nächsten Kunden weiterverdienen. Das weiß jeder, aber ist nicht jedem ständig bewusst. Sollten Sie selbst vor Ort mitarbeiten, können Sie das genauso sehen. Auch Sie müssen am Monatsende Ihre Kosten decken können.

Oft höre ich von Handwerksunternehmern: *Dann mach ich das eben selber, ich stehe ja nicht auf der Lohnliste.* Das ist ein falscher Ansatz, und kann nur in Notfällen Sinn machen, denn permanent durch Feuerwehreinsätze der eigenen Person Notfälle zu korrigieren, geht an Ihre Substanz und packt das Übel nicht an der Wurzel: die mangelhafte Kalkulation.

Da Handwerksleistungen in den meisten Fällen auch Materiallieferungen beinhalten, kommt diesen flexiblen Kosten eine besondere Bedeutung zu.

Notwendigerweise brauchen Sie hier fachlich kompetente und seriöse Lieferanten. In der Kalkulation fließt hier oft deren Kompetenz und Leistungsfähigkeit mit ein und stellt eine wichtige Kostenvariable dar.

Ich persönlich halte nur bedingt etwas davon, sich in Baumärkten zu bedienen. Sicherlich gibt es qualitativ identische Massenprodukte, die ich dort zu geringen Preisen erwerben kann, kommt es jedoch zu Unstimmigkeiten, muss ich mich mit einem riesigen Konzern auseinandersetzen, habe meist keinen Entscheidungsträger vor

Ort und ein qualifizierter Austausch auf fachlicher Ebene ist oft schwierig.

Einen weiteren Einfluss auf die Kalkulation hat natürlich Ihre aktuelle Betriebsauslastung. Es macht wenig Sinn einen Dumpingpreis abzugeben, wenn sowieso genug Arbeit da ist, außer Sie möchten unbedingt mit diesem Kunden arbeiten, evtl. einem interessanten Neukunden oder einem Stammkunden, den Sie nicht verlieren möchten.

Auch ein weiteres evtl. Risiko ist zu beachten: Haben Sie ein ungutes Gefühl dem Kunden gegenüber bezgl. Zahlungsmoral oder einer besonders kritischen Beurteilung Ihrer Leistungen? Dann sollten diese Bedenken in Form von finanziellen Sicherheiten mit im Angebot eingebaut werden.

Wenn der Auftrag trotzdem kommt, dann macht es auch die Abwicklung etwas entspannter, da Sie die notwendige Zeit haben, sich besonders um diesen Auftrag kümmern können.

Neben den grundsätzlichen Entscheidungen über die Preisgestaltung, sind zwingend die gegebenen Umstände an Ihrem Montageort und die evtl. daraus resultierenden Fehlzeiten zu beurteilen. Wenn Sie beispielsweise keine großen Geräte einsetzen können, muss sich das auf die Preisfindung auswirken.

Andere Behinderungen wie z. B. Mittagsruhen in sozialen Einrichtungen, Straßensperrungen durch Märkte oder Beeinträchtigungen durch Straßenbaustellen sind weitere Faktoren, welche Sie Geld kosten könnten. Auch lange Anfahrtswege oder Verzögerungen durch Anmeldung in geschlossenen Bereichen der Arbeitsstätten in größeren Betrieben sind einzurechnen.

Bei längeren Anfahrtswegen sprechen Sie vorab mit den vorgesehenen Mitarbeitern über die Vergütung der Anfahrtswege oder stellen

Sie Überlegungen an, die Mitarbeiter vor Ort unterzubringen. Überzeugend hierbei wirkt oft der Vorschlag, die Wochenarbeitszeit auf vier Tage zu verteilen, um so z. B. die Mitarbeiter schon am Donnerstagabend ins Wochenende zu entlassen. Dies steigert die Akzeptanz der Arbeitnehmer, auswärts zu übernachten.

Wenn nunmehr alle Umstände berücksichtigt sind, legen Sie los. Kalkulieren Sie Position für Position. Setzen Sie jeweils Ihre Zeitwerte für die jeweiligen Arbeiten ein.

Sie können die jeweiligen Arbeiten natürlich auch mit den verschiedenen Lohngruppen der vorgesehenen Mitarbeiter kalkulieren. Meist ist allerdings ein Mittellohn der vorgesehenen Arbeitsteams der bessere Ansatz. Insbesondere bei krankheitsbedingten Ausfällen werden gering kalkulierte Arbeiten dann aus dem Erfordernis heraus doch von *teurerem Personal* ausgeführt – und die Kalkulation verwischt. Beachten Sie evtl. Lohnerhöhungen, welche erst zur oder während der Ausführung in Kraft treten. Vermerken Sie also die Lohnstundenansätze für die eigentliche Tätigkeit und zusätzlich für evtl. Besonderheiten der Randumstände, die Zeit und somit Geld kosten. Diese Ansätze der besonderen Umstände sollten Sie zu jeder Einzelposition hinzufügen, denn hier gehören sie hin.

Diese Umstände am Ende einer Kalkulation über alle Positionen zu verteilen ist durchaus möglich, wird aber aufgrund der Transparenz nicht empfohlen. Beispielsweise sollten Sie die Kosten für einen einmaligen Autokraneinsatz, um das Holz für einen Dachstuhl in die vierte Etage zu bringen, nur der Holzlieferung zuordnen, die Kosten aber nicht über alle Positionen verteilen. Fällt eine Position weg, entfällt auch der kalkulierte Anteil für den Kran. Dann passt es nicht mehr. Bestenfalls eine eigene Position *Kraneinsatz* bilden, dann sind die Risiken eingegrenzt. Ausgenommen hiervon sind Fahrtkosten, Unterbringungen und dauerhafte Kosten für ihre Baustelleneinrichtungen. Auch bekannte Beteiligungen an Versicherungen des Auftraggebers, Kosten für Bürgschaften und evtl. Baustellengemeinkosten, welche seitens des Kunden umgelegt werden, sollten Sie über die Endsumme zuschlagen.

Achten Sie auf Preissicherheit im Ausführungszeitraum. Sollten Sie keine Jahresvereinbarungen über Materiallieferungen haben, fragen Sie parallel die aktuellen Preise ab. Bauen Sie Sicherheiten für Verschnitt, Verhau oder sonstigen normalen Schwund mit ein. Achten Sie auf Liefereinheiten und die daraus resultierenden Reste. Diese müssen Sie dann evtl. wieder abfahren oder entsorgen, was dann wieder Kosten verursacht.

Bei tragenden Positionen, also Positionen, die sich stark auf die Gesamtsumme auswirken, empfehle ich immer eine projektbezogene Preisanfrage und evtl. auch ein Alternativmaterial zu betrachten. Beachten Sie auch Witterungseinflüsse, die sich auf die Materialwahl und evtl. Schutzmaßnahmen auswirken können.

Nachdem Sie das Material beigefügt haben, müssen Sie evtl. Fremdleistungen anderer Unternehmer, die in Ihrem Auftrag tätig werden sollen, in die jeweilige Position miteinbeziehen. Über deren Auswahl und über den Umgang mit den Nachunternehmern gehe ich noch in einem besonderen Abschnitt ein: *Umgang mit Nachunternehmern.* In der Kalkulation beachten Sie Folgendes: Die vorgesehenen Unternehmen müssen im Auftragsfalle zum eingesetzten Preis verfügbar sein. Der Einsatz von Nachunternehmern sollte zulässig und vom Auftraggeber genehmigt sein. Die vorgesehenen Unternehmen müssen Ihren und den Ansprüchen der Auftraggeber in Qualität und Arbeitsweise genügen. Der Einsatz von Nachunternehmern hat Vorteile in Hinsicht auf Ihre Flexibilität und evtl. können spezialisierte Fachfirmen deutlich geringere Preise realisieren als Sie das mit Ihren eigenen Mitarbeitern tun können.

Maschinen und Geräte im Besonderen zu kalkulieren macht oftmals Sinn. Baumaschinenhändler bieten fast immer Spezialgeräte, welche Sie selber nicht im Firmenbestand haben.

Das richtige Gerät am richtigen Platz spart oft enorm Zeit – also Ihr Geld – wenn vorher gut nachgedacht und nachgerechnet wird. Es ist sicher gut, den eigenen Minibagger einzusetzen, wenn dieser ab und an auf der Baustelle auch für kleinere Arbeiten verwendet werden kann. Wenn aber die Einzelleistung am Stück mit einem Mietbagger in weniger als der Hälfte der Arbeitszeit erbracht werden kann, dann lohnt evtl. eine Anmietung.

Diese Überlegungen sind oft sehr interessant und immer in der Kalkulation vorzunehmen wenn es um die entsprechenden Arbeiten geht. Letztendlich empfehle ich jede Kalkulation nach der Fertigstellung noch einmal in allen Positionen nachzulesen. Ein falscher Ansatz oder ein kleiner Denk-, Schreib- oder Lesefehler kann erhebliche Auswirkungen haben.

Wenn alles zu Ihrer Zufriedenheit ausgefüllt ist, dann betrachten Sie nochmals die kalkulierten Gesamtstunden und fragen sich selber, ob die veranschlagte Gesamtzeit Ihrem eigenen Empfinden über eine mögliche Abwicklungsdauer entspricht. Oft schon habe ich selbst hier noch Korrekturen vornehmen müssen, weil Ansatz und Bauchgefühl nicht übereinstimmten.

Gerade bei Klein-, und Kleinstangeboten muss darauf geachtet werden, dass Reststunden eines Tages oftmals nicht abgedeckt sind, obwohl die Mitarbeiter bezahlt werden müssen.

Andersherum: Wenn Ihre Erfahrung Ihnen sagt, dass eine vergleichbare Arbeit in kürzerer Zeit schon einmal von Ihnen ohne Probleme erbracht wurde, dann können Sie auch hier eine Anpassung vornehmen – vorausgesetzt, Sie möchten den Auftrag unbedingt erhalten.

Hören Sie also immer auf Ihren Bauch – Ihre Erfahrungen sind sowieso der beste Kalkulator.

Nun sollten Sie auch darüber nachdenken, ob Sie damit rechnen, in einer späteren Auftragsverhandlung noch einen Nachlass oder ein Skonto gewähren zu müssen. Einen gewissen Spielraum mit in die Kalkulation einzubauen, kann durchaus Sinn machen. Insbesondere bei gewerblichen Kunden, aber auch bei privaten Auftraggebern werden immer wieder die Fragen nach einer Preisreduzierung aufkommen. Den Umgang hiermit beschreibe ich noch in einem gesonderten Abschnitt. Hier geht es erstmal nur darum, diesen Spielraum zu integrieren, also die Einheitspreise entsprechend zu beaufschlagen.

Falls Sie jedoch ein Angebot für einen öffentlichen Auftraggeber abgeben, sind Nachverhandlungen sehr selten zu erwarten bzw. fast ausgeschlossen. Der öffentliche Auftraggeber, zumindest in Deutschland, ist gehalten den günstigsten, also den in der Submission ermittelten billigsten Bieter zu beauftragen. Hier brauchen Sie keinen Verhandlungsspielraum einzuarbeiten.

Nun möchte ich auf noch zwei mögliche Anforderungen eingehen:

Zum Ersten:
Falls schon in der Anfrage des Angebotes ein Festpreis gewünscht ist, müssen Sie dies unbedingt in der Preisfindung berücksichtigen. Bitte dem Risiko entsprechend große Sicherheiten mit einbeziehen.

Zum Zweiten:
Sollten Sie eine vorgelegte Ausschreibung kalkulieren und feststellen, dass etwas falsch, unzureichend oder auch mengenmäßig verkehrt ausgeschrieben wurde, dann nehmen Sie Kontakt mit dem

Ausschreibenden auf und diskutieren Sie mit ihm diesen Umstand und die weitere Vorgehensweise. Ein vernünftiger Ausschreibender wird Ihre Anmerkungen dankend aufnehmen und Sie beweisen Ihre fachlichen Qualitäten. Ein weniger vernünftiger Mensch fühlt sich sofort kritisiert und es wird schwierig.

Ob Sie nun dieses unzureichende Angebot abgeben möchten oder nicht, liegt an Ihrem Verhältnis zum Kunden, an Ihrer aktuellen Arbeitslage und an Ihrem Willen, diese Einwände auch später bei oder nach Auftragsvergabe noch vorzubringen. Dies müssen Sie im jeweiligen Einzelfall entscheiden, aber spekulieren Sie in Ihrer Kalkulation nicht darauf, dass sich später dann doch etwas ändern wird.

Ich rate zu Transparenz und einem Beiblatt zum Angebot, in welchem die jeweiligen Punkte aufgeführt sind und von einem seriösen Kunden in jedem Fall beachtet werden. – Im anderen Fall ist der Kunde für Sie wohl nicht der Richtige.

Darauf zu hoffen in einer späteren Abwicklung diese Punkte zu Ihren Gunsten zu verändern, ist fast sicher mit einer Menge Ärger verbunden.

Angebotsabgabe: formelle Anforderungen

Hier möchte ich noch auf die Form der Angebotsabgabe eingehen.

Verwenden Sie immer einen eigenen Briefkopf, der durch eine Druckerei gefertigt wurde. Ein eigenes Logo ist wichtig für den Wiedererkennungswert und trägt Ihre persönliche Note.
Verwenden Sie auch ruhig einen Leitsatz, bedenken Sie aber, dass Sie hieran auch gemessen werden. Wenn Sie unter Ihrem Logo z. B. schreiben *Wir können alles* dürfen Sie sich als Schreiner nicht wundern, wenn Sie eine Anfrage für die Montage von Klosettschüsseln erhalten. Also immer auf dem Teppich bleiben.

Der erste Eindruck zählt, nach der Öffnung des Angebotes. Wenn hier schon der Eindruck von Ordentlichkeit erweckt wird: umso besser.

Sie sollten auch immer eine interne Angebotsnummer eintragen – auch wenn die ausschreibende Stelle eigene Nummern vergibt. Das gehört zu Ihrer internen Linie und es ist einfacher eigene Nummernkreise zu durchsuchen, um etwas zu finden, als fremde Nummernkreise. In der Anschriftenzeile des Deckblattes vermerken Sie die Angebotsnummer des Kunden.

Sprechen Sie den Kunden oder dessen Sachbearbeiter im Anschreiben zum Angebot ruhig mit Namen an.

Verweisen Sie im Angebot schon auf die Grundlagen Ihres Angebotes. Beispielsweise
- auf Grundlage der VoB oder BGB
- auf Grundlage des von Ihnen übersendeten Leistungsverzeichnisses

- Gültigkeit bis (Tag/Monat/Jahr)
- geringe Mengenabweichungen sind möglich

Bei selbst erstellten Leistungsverzeichnissen weisen Sie explizit darauf hin, dass Ihr Angebot nicht weitergegeben werden darf und als Grundlage für eine Auftragsabwicklung mit anderen Unternehmen keine Gültigkeit hat. Das schützt Sie vor evtl. rechtlichen Auseinandersetzungen, in die Sie natürlich nicht mit hineingezogen werden möchten, sollte ein anderer Unternehmer gemäß Ihrem Angebot den Auftrag übernommen haben.

Zudem vermerken Sie, dass Ihr Angebot freibleibend ist und erst mit einem separaten, noch abzuschließenden Vertrag Gültigkeit erlangt. (Nicht bei öffentlichen Auftraggebern – sonst fallen Sie womöglich aus der Wertung.)

Im privaten Bereich ist meist der Lohnanteil mit auszuweisen. Hier können Sie auf evtl. Steuervorteile hinweisen.

Machen Sie ein Angebot als Nachunternehmer für z. B. einen Bauträger oder ein anderes bauschaffendes Unternehmen, dann brauchen Sie die MwSt. nicht auszuweisen, müssen aber diesen Vermerk als Schlusssatz anbringen: *Gemäß § 13b S. 1 Nr. 4 UStG ist der Leistungsempfänger Steuerschuldner. In dieser Rechnung ist deshalb keine Umsatzsteuer gemäß § 14a UStG ausgewiesen.* Stempel/Unterschrift und Angebotsdatum sind obligatorisch.

Bei öffentlichen Ausschreibungen ist eine Vielzahl von Angaben zu machen. Hier dürfen Sie nichts unterlassen oder vergessen. Dies könnte zur Folge haben, dass Sie den Auftrag selbst als günstigster Anbieter nicht erhalten – bieten Sie hier keinen Anlass, einen Fehler zu finden.

Wählen Sie bei öffentlichen Ausschreibungen und Angebotsabgaben die Form eines Einschreibens mit Rückschein. Nichts ist ärgerlicher, als wenn ein Angebot nicht bei der Angebotseröffnung fristgerecht auf dem Tisch liegt. So können Sie den Nachweis erbringen, wann das Angebot zugestellt wurde.

Eine weitere Möglichkeit ist natürlich die persönliche Abgabe und Teilnahme am jeweiligen Eröffnungstermin. Das bietet zudem die Möglichkeit, direkt die Preise alle Mitbieter zu erfahren (zumindest die ungeprüften).

Auch bei allen anderen Kunden habe ich gute Erfahrungen damit gemacht, ein Angebot persönlich zu übergeben. Am besten das gefertigte Schriftwerk noch einmal in Ruhe erklären und damit zum Ausdruck bringen, welche Gedanken Sie sich im Besonderen um dieses Projekt gemacht haben.

Angebote mal eben mit der Post schicken und dann hoffen, dass etwas daraus wird, funktioniert bei Bestandskunden, bei Neukunden sollten Sie mindestens den Versendetermin mitteilen und die Selbstverständlichkeit eines möglichen Besprechungstermins über Ihr Angebot erwähnen. Zum Angebot können Sie gerne auch noch einen Flyer über Ihr Unternehmen, Referenzlisten oder Produktbeschreibungen beilegen.

Eine Angabe über einen möglichen Ausführungstermin und über die vorgesehene Ausführungsdauer (mit evtl. Einschränkungen bez. Witterung oder Materialbeschaffungszeiten) halte ich für sehr gut, das kommt beim Kunden immer gut an. Dass Sie sich hier nicht selbst in Bedrängnis bringen sollen, ist natürlich klar..

Ist das Angebot erst einmal im Kasten, dann ist es schwierig noch etwas zu verändern. Also lieber zweimal lesen und dann versenden.

Auftragsverhandlungen

Diesem Abschnitt kommt eine hohe Bedeutung zu.
Sie können, außer im öffentlichen Bereich, jeden
Preis und jeden Unsinn anbieten, wenn Sie es nicht ausführen müssen. Nun geht aber darum, dass Sie den Auftrag haben möchten, also müssen Sie ganz besonnen ans Werk gehen.
Vorausgeschickt sei auch hier: Ordentliches gepflegtes Auftreten, und Pünktlichkeit sind unabdingbar!

Zuerst einmal kommt es darauf an, wer Ihr Gegenüber ist in dieser Verhandlung. Ist es die nette Hausfrau aus der Nachbarschaft, der Rechtsanwalt um die Ecke oder ist es der Einkäufer eines Industrieunternehmens? Ist es der Architekt des Bauherrn oder der Hausverwalter einer Wohnanlage?
Im privaten Bereich verlaufen die Verhandlungen, falls es solche überhaupt gibt, meistens recht entspannt. Die Auftragssummen sind meist geringer, wenn der private Bauherr selbstständig eine Vergabe vornimmt. Bei größeren Vorhaben würde er sich beraten oder vertreten lassen.
Die obligatorische Frage – *Was können Sie noch am Preis tun?* – können Sie rasch beantworten, ohne dass ein großes Risiko entsteht. Aber gerade wenn Sie noch unerfahren und die Volumen größer sind, können solche Verhandlungen auch sehr aufregend werden.

Seien Sie sich bewusst, dass ihr Gegenüber im professionellen Bereich meistens sehr große Erfahrungen in diesen Verhandlungen hat. Das soll jedoch kein Grund für Sie sein, vor Ehrfurcht zu erstarren, mit schlotternden Knien aufzutreten oder schweißgebadet zu sein.
Ein solcher Termin erfordert aber Ihre unbedingte Wachsamkeit. Am besten erst einmal die Stimmung aufnehmen und zuhören, was

denn so zur Sprache kommt. Lassen Sie sich nicht davon irritieren, wenn man Sie vor Beginn des Gespräches etwas warten lässt, das ist oft nur ein kleiner Trick, um Dominanz anzuzeigen. Das ist für die Sache unerheblich und lässt sich mit dem freundlichen Satz *Bin ich etwa zu früh?* ganz schnell umkehren. Auch unvermutet mehrere Gegenüber sollten Sie nicht aus der Fassung zu bringen – es geht immer um die gleiche Sache, ob nun mehrere Personen vor Ihnen sitzen oder nur eine.

Seien Sie sich bewusst, dass Sie zumindest aufgrund Ihres Angebotes schon einmal als Ausführender zur Auswahl stehen und Ihr Preis so schlecht nicht sein kann. Bewahren Sie also Ruhe und machen Sie keine vorschnellen Zugeständnisse.

Auch hier ist meist die erste zentrale Frage: *Was können Sie denn noch am Preis tun?* Ihr geschultes Gegenüber würde sich natürlich sehr freuen, wenn Sie direkt eine Zahl nennen, auf der er aufbauen kann, und es geht danach für Sie immer weiter in den Keller. – Also erst einmal keine Angabe machen!

Folgende Gegenfrage hat sich als nützlich erwiesen: *Wie ist das Submissionsergebnis?* Das mag der Gegenüber oft nicht beantworten, denn möglicherweise sind Sie ja schon der günstigste Bieter und das würde seine Position schwächen. Hier haben Sie aber schon einen Punkt gemacht, denn Sie erkennen schon, dass Ihr Preis ganz ordentlich sein muss. Nennt er trotzdem Zahlen und diese weichen stark von den Ihren ab, dann sagt er womöglich nicht die Wahrheit. Sie können den Preis aber sowieso nicht halten und brauchen sich auch keine Gedanken machen, ob Sie einen Kampfpreis abgeben.

Gehen wir also davon aus, dass er nichts sagen möchte, nun gut. Erst einmal die nächste Frage stellen: *Können Sie mir denn dann auch sofort sagen, ob ich den Auftrag heute mitnehmen kann?* Auch das wird er meist verneinen, will er doch auch noch evtl. mit anderen Bietern verhandeln. Wieder ein Punkt für Sie, denn **Sie** können ad hoc verbindliche Angaben machen.

Und dann könnten sie ohne Bedenken auch noch fragen: *Wie teuer darf ich denn sein, um den Auftrag zu erhalten?* Das gibt dem Gespräch dann insgesamt ein Niveau auf Augenhöhe. Sie sind – natürlich immer sehr freundlich – ein Gesprächspartner, der sich Gedanken macht, und kein Schaf!

Als Nächstes fragen Sie, wann es denn zu einer Vergabe kommt und wann denn der Ausführungszeitraum verbindlich vorgesehen ist. Hier ist eine klare Antwort zu erwarten – und diese Antwort muss nun der Gegenüber geben, da das natürlich maßgeblich für Ihre Preisgestaltung ist. Passt das mit Ihrer Kalkulation und Auslastung noch zusammen?

Weisen Sie immer darauf hin, dass Sie natürlich wohlüberlegt und ordentlich kalkuliert haben.

Wenn Sie nun eine Angabe über einen evtl. prozentualen Preisnachlass machen, verbinden Sie diese Angabe immer mit einer für Sie günstigeren Modalität, z. B.:

- 2 % Nachlass und 2 % Skonto bei Zahlung innerhalb von 10 Tagen nach Rechnungslegung oder
- 3 % Nachlass bei einer Anzahlung von X €, oder
- 3 % Nachlass bei einem Arbeitsbeginn am …

Verbinden Sie also immer einen Nachlass mit etwas für Sie Sinnvollem. Zum einen ist es dann natürlich billiger für Sie, zum anderen signalisieren Sie, dass Sie zu Ihrer Kalkulation stehen und auch eine Erwartungshaltung haben, nämlich fair miteinander umzugehen – eben ein Geben und Nehmen. Das können Sie auch beruhigt verbal äußern. Kein Gegenüber wird Fairness abstreiten wollen.

Vermeiden Sie die Verhandlung über Einzelpositionen. Wenn Ihnen erklärt wird, dass Sie in einer Position deutlich über anderen Bietern liegen, prüfen Sie zuallererst einmal Ihren kalkulatorischen Ansatz und die Richtigkeit der Angaben. Wenn Sie nach Ihrem Verständnis richtig kalkuliert haben, erklären Sie Ihrem Gegenüber, dass andere Unternehmen in den Einzelpositionen sicherlich ein anderes Verständnis zu dieser Leistung haben als Sie, aber dass Sie nur und ausschließlich über den Gesamtpreis sprechen möchten. Sie kennen die Mitbieter ja nicht, und wissen nichts über deren spezielle Möglichkeiten.

Reden Sie niemals schlecht über Mitbewerber, das wird meist nicht gern gehört. Bedenken Sie, dass der Auftraggeber auch diesen Mitbewerber zur Angebotsabgabe ausgewählt hat. Hier suggerieren Sie ihm eine Fehlleistung. Vermeiden Sie auf jeden Fall Sätze wie: *Wenn es gut läuft, kann ich in der Schlussrechnung sicherlich noch etwas tun* oder *Ich muss den Auftrag unbedingt haben.* Das bringt nichts weiter, außer dass Sie selbst in einem schlechten Licht stehen.

Vergessen Sie bei keiner Angabe über Nachlässe, dass es nicht nur runde Zahlenwerte oder Faktoren gibt. Ein Skonto von 2,3 % ist durchaus möglich und statthaft. 0,7 von 80.000,- € sind auch 560,- € – also möglicherweise zwei Monatsraten für Ihren Lieferwagen. Das versteht dann auch der Verhandlungspartner, sollte Ihnen Kleinlichkeit vorgeworfen werden.

Sollten Sie in einer solchen Preisverhandlung eine sehr schwierige Entscheidung treffen müssen, bei der es wie so oft um eine Menge Geld geht, bitten Sie um eine kurze Bedenkzeit und verlassen Sie den Raum. Fragen Sie Ihren *Bauch*, ob er die geforderten Zugeständnisse machen möchte. Wenn nicht, bleiben Sie bei Ihrem Angebot! Sie und Ihr Spiegelbild müssen damit klarkommen.

Versuchen Sie jedoch immer, und in jeder Einzelfrage auch etwas Positives für Ihr Unternehmen herauszuholen, es bleibt eben immer ein Geben und Nehmen.

Damit Sie bei gleichem Resultat denselben Gewinn erwirtschaften, obwohl Sie einen Nachlass gewähren, gebe ich noch einmal folgende Möglichkeiten wieder:

Skonto:
Hier können Sie zumindest einen Teil des Verlustes durch eine schnelle Zahlung an Lieferanten und Nachunternehmer ausgleichen.

Material:
Durch eine geänderte Materialwahl, also günstigerer Einkauf, welcher mit dem Auftraggeber abgestimmt ist.

Vergabe an Nachunternehmer:
Lieferung und Leistung an Fremdunternehmer abzugeben kann in Abstimmung mit dem Auftraggeber nützlich sein. Hier könnte der Nachunternehmer Teilleistungen günstiger anbieten als Sie selbst mit eigenem Personal. Fragen Sie den Nachunternehmer bei tragenden Preisnachlässen an.
Der Umgang mit Nachunternehmern wird noch gesondert beschrieben.

Vorschuss/Anzahlungen:
Ist wie Skonto zu werten und bringt eine gewisse Zahlungssicherheit. Achten Sie darauf, dass die Anzahlung unabhängig von weiteren Abschlags- oder Teilzahlungen vereinbart wird.
Ihre Sicherheit besteht nur dann bis zum Abschluss des Auftrages, wenn Sie zu dem Zeitpunkt durch eine nächste Zahlung erneuert wird, wo diese aufgebraucht ist.

Ausführungszeitraum:

Durch evtl. Leerlauf im Unternehmen entstehen Kosten. Auftragslücken mit schlechten Preisen zu füllen kann sich rechnen, sollte aber keinesfalls zur Gewohnheit werden.

Vertragsstrafen

Das Thema *Vertragsstrafen* behandeln Sie bitte mit besonderer Vorsicht. Hier geht es fast immer um die Einhaltung der vorgegebenen Ausführungstermine, also insbesondere den Gesamtfertigstellungstermin.

Stellen Sie sich selbst und dem Auftraggeber folgende Fragen:

1. Sind Fremdleistungen anderer Firmen oder Lieferungen vom Auftraggeber notwendig, um Ihre Leistung komplett fertigzustellen?

2. Greifen diese Leistungen ineinander und wer bestimmt diesen Arbeitseinsatz oder führt die entsprechenden Bestellungen aus? Denn wenn Fremdleistungen nicht fristgerecht, sozusagen *just in time* erbracht werden, dann hängen Sie mit Ihren Terminen Ihrem Zeitplan hinterher, haben evtl. Fehlzeiten oder müssen *sogar die Fremd*leistungen steuern. Hier kommt es oft zu Verzögerungen, welche Sie jeweils dem Auftraggeber genau anzeigen müssen.

3. Wie sieht Ihre Kalkulation aus? Sind hier genügend Arbeitskräfte verfügbar und haben Sie evtl. Ersatz für Ausfälle?

4. Stellen Sie dem Auftraggeber die Frage, welche Vergütung Sie zusätzlich erhalten können, falls Sie früher fertig werden. Hier gerät der Verhandlungspartner oft in Erklärungsnot, erst recht, wenn Sie auf ein ausgeglichenes Vertragsverhältnis hinweisen.

5. Für Vertragsstrafen gelten im Allgemeinen Höchstgrenzen. Diese müssen im Vertrag klar definiert werden.

Letztendlich sollten Sie versuchen, solche Vertragsstrafen zu vermeiden, da Sie diese meist nicht in Ihrer Kalkulation berücksichtigt haben. Auch das ist ein gutes Argument in der Verhandlung, außer diese Strafen wurden schon vorher im Leistungsverzeichnis vermerkt.

Nachdem Sie nun Ihren verbindlichen Preis abgegeben bzw. kundgetan haben sollten Sie noch Folgendes beachten:
Einige Einkäufer fertigen ein Gesprächsprotokoll. Hier werden Sie oft zu einer Unterschrift aufgefordert. Weisen Sie darauf hin, dass Ihr Wort zählt, Sie ja heute auch noch keinen unterschriebenen Auftrag erhalten und Sie Ihre Nachlässe nur auf die aktuelle Situation bezogen vorgebracht haben. So erhalten Sie sich eine evtl. Änderung Ihrer Angaben, falls morgen ein anderer, besserer Auftrag ins Haus kommt.
Wenn Sie trotzdem unterschreiben, dann lassen Sie sich hier nicht festnageln, sondern bestätigen nur den Wortlaut des Besprochenen und befristen Ihre nunmehr geänderte Kalkulation und die Bedingungen.
Wenn der Auftraggeber selber Material stellen möchte, dann bedenken Sie, dass Sie evtl. ein Material verarbeiten müssen, das gar nicht Ihrer Kalkulation entspricht, dass die Lieferzeiten evtl. nicht ausreichend sind und dass Ihr Gewinn schwindet, da Sie ja auch am Material verdienen müssen. Geben Sie den Hinweis, dass der Auftraggeber auch für die Güte und fristgerechte Bereitstellung des Materials gewährleisten muss – nicht Sie!
Gleiches gilt, wenn er Teilleistungen durch andere Unternehmen ausführen lassen möchte. Machen Sie sich sowohl Gedanken über etwaige Abhängigkeiten, mögliche Fehlzeiten und Ausführungsfristen als auch über Gewährleistungsüberschneidungen, wenn Sie auf Fremdleistungen aufbauen.

Oft geschieht es, dass große Teile aus dem kalkulierten Angebot gar nicht mehr zur Ausführung kommen, sondern nur abgefragt werden. Hier müssen Sie schauen, ob Ihre Kalkulation noch stimmt. Evtl. Einrichtungskosten wurden möglicherweise auf alle Positionen umgelegt und fallen trotzdem in voller Höhe an.

Wenn nun alles Relevante besprochen wurde, verabschieden Sie sich höflich mit der abschließenden Frage zum Zeitpunkt der Vergabeentscheidung, falls diese Antwort nicht schon im Gespräch gegeben wurde. So können Sie ihre Gedanken erst einmal von diesem Projekt abwenden und sind geistig frei für andere und neue Dinge.

Abschließend zu diesem Thema möchte ich Ihnen noch mitgeben:
- Machen Sie sich eigene Notizen über das Besprochene und heften Sie diese zum Angebot.
- Treten Sie nicht als Bittsteller auf! Sie möchten einen Auftrag vernünftig ausführen und der Kunde erwartet eine tadellose Leistung für sein Geld.
- Sie bestimmen Ihren Preis und Ihre Bedingungen oder akzeptieren die Bedingungen des Auftraggebers – nicht umgekehrt. Wenn er Sie beauftragen möchte: gern, aber immer zu Bedingungen, welche Sie für sich und Ihr Unternehmen vertreten wollen und können.
- Fragen Sie stets Ihren Bauch. Dies wird oftmals völlig unterschätzt. Ein schlechtes Bauchgefühl hat sich in 80 % aller Fälle meiner Laufbahn als zutreffend herausgestellt und mir oft den späteren Ärger mit dem Auftraggeber beschert. Magen und Darm denken mit, wenn auch unbewusster als das menschliche Gehirn. Wenn Ihnen also eine Entscheidung Bauchschmerzen macht oder Ihr Darm Alarm schlägt, sollten Sie Vorsicht walten lassen.

Der Werklieferungsvertrag

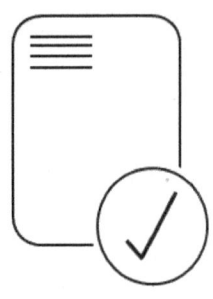

Es ist also so weit! Ihre Bemühungen in Akquisition, Angebotserstellung und Auftragsverhandlung haben sich gelohnt und der Kunde winkt mit dem geschätzten Auftrag – oftmals leider verbunden mit dem nochmaligen Ansinnen einer Preisreduzierung.

Ob Sie dem nun zustimmen oder nicht, bleibt Ihnen natürlich unbenommen, frei nach dem Motto *Fragen kann man ja mal*, praktizieren dies geschulte Einkäufer fast automatisch. Genauso automatisch sollten Sie auf die bereits erfolgten Preisverhandlungen hinweisen. Sollten Sie noch ein wenig Spielraum haben, bieten Sie die Hälfte dieses Spielraumes als letztes Entgegenkommen an, wobei Sie natürlich auch erklären, dass Sie die Freude an diesem Auftrag ansonsten verlieren werden.

Ich rate jedoch dazu, auch hier das Geben und Nehmen zu berücksichtigen. Ein weiterer Nachlass sollte dann auch mit einer schnelleren Zahlung, einer höheren Anzahlung oder mit einer verlängerten Ausführungsfrist verbunden sein.

Hier gibt es noch einige andere Vorteile welche Sie an dieser Stelle für sich herausholen könnten.

Auftragsform

Dass ein Auftrag in schriftlicher Form erfolgen soll, braucht glaube ich nicht mehr besonders erwähnt werden. Die Zeiten mit einem *Auftrag per Handschlag* sind im Handwerk aus und vorbei und funktioniert nur noch auf einem Pferdemarkt. Und gerade bei guten Bekannten, Freunden und vordergründig finanziell gut ausgestatteten Kunden gibt es zu einem schriftlichen Auftrag keine Alternative.

Ist das Auftragsschreiben ein häufig verwendeter Formvertrag des Auftraggebers, oder ist dieser individuell nur auf das anstehende Projekt mit ihrem Unternehmen angefertigt? Hier geht es um evtl. unwirksame Klauseln nach dem AGB-Gesetz. (siehe auch Abschnitt *Änderungen*).

Prüfung

Wir gehen hier erst einmal davon aus, dass ein Auftragsschreiben vom Auftraggeber an Ihr Unternehmen übersendet wird. Nun haben Sie genug Zeit für eine korrekte Prüfung.

Leider geschieht es immer wieder, dass Sie zu einer Unterschrift eingeladen werden und hier im Termin eine ordentliche Prüfung schwierig ist und schon mal schnell etwas überlesen wird. Entweder Sie nehmen sich hier genügend Zeit oder Sie nehmen den Vertrag erst einmal mit, um diesen dann später beim Auftraggeber einzureichen.

Bevor Sie Ihre Unterschrift unter ein Auftragsdokument setzten, prüfen Sie genau die Einzelheiten von denen ich nachstehend einige als häufig wiederkehrend anführen möchte. Unabhängig davon gibt es sicherlich viele auftragsspezifische oder rechtliche Einzelheiten, auf die ich hier aber nicht eingehen kann, das würde den Rahmen dieses Handbuches sprengen.

1. Wer erteilt Ihnen den Auftrag? Sind die Personen oder Körperschaften auch dieselben wie in der Angebotsanfrage? Handelt z. B. ein Berater oder Mitarbeiter namens und im Auftrag des Auftraggebers, dann lassen Sie sich diese Berechtigung nachweisen.

2. Wer ist Ihnen und Ihren Mitarbeitern gegenüber weisungs- und zeichnungsberechtigt?

3. Sind alle mit Ihnen im Besonderen verhandelten Punkte richtig vermerkt?

4. Welche Ausführung, bzw. Rechtsgrundlage wurde vermerkt? Sind hier keinerlei Angaben zu finden, gilt im Inland das BGB. Hier gibt es deutliche Unterschiede, z. B. in Sachen Gewährleistung, zu anderen Grundlagenwerken wie z. B. der VoB. Bitte hier aufpassen und evtl. besser noch einmal einen Fachmann (z. B. Anwalt) hinzuziehen.

5. Nimmt der Auftrag Bezug auf Ihr zugehöriges Angebot und wird dieses auch als Grundlage des Auftrages genannt?

6. Sind definitive Zahlungsziele benannt, differenziert ausgewiesen und unterschieden in Anzahlungen, Teilzahlungen und Schlusszahlungen? Was gilt hier als Beginn der Frist? Eingang beim Auftraggeber, Poststempel, Datum der Rechnung?

7. Ist die Höhe der Zahlungsbeträge von Teilzahlungen festgelegt und wie viele Teilrechnungen können Sie für dieses Projekt ausstellen?

8. Bis zu welchem Wert der fertigen Leistungen werden Teilzahlungen geleistet und wie ist hier der Nachweis zu führen?

9. Ist die Art der Abrechnung angegeben (Abrechnung nach Aufmaß, Festpreis, nach Aufwand etc.)?

10. Sind die Bedingungen über Vertragsstrafen richtig wiedergeben?

11. Dürfen Sie Subunternehmer beschäftigen und wenn ja, sind diese auch definiert?

12. Gibt es versteckte Nachlässe wie z. B. Schuttbeseitigung, Bauwesenversicherungen anteilig auf Kosten des Auftragnehmers?

Noch ein paar grundsätzliche Bemerkungen:
Ändern Sie keine allgemeinen Geschäftsbedingungen in den Formblättern des Auftraggebers indem Sie z. B. etwas herausstreichen..

Damit akzeptieren Sie im Umkehrschluss alle anderen Bedingungen, auch wenn diese ansonsten nicht wirksam wären. Ein Richter ginge in diesem Falle davon aus, dass Sie sich ernsthaft mit den AGBs auseinandergesetzt haben und dass durch Ihre Änderungen eine jede Einzelheit der Bedingungen verhandelt wurde.

Treffen Sie keine Vereinbarungen über Zahlungen (z. B. Barzahlungen) außerhalb des Vertrages, welche zudem möglicherweise auch noch den eigentlichen Auftragswert verringern. Dieses macht den Vertrag möglicherweise in seiner Gesamtheit ungültig und kann strafrechtliche Konsequenzen haben.

Bisher haben wir ein fremd gefertigtes Auftragsdokument beschrieben. Sehr oft, gerade im privaten Bereich, bittet der Kunde Sie um die Anfertigung eines solchen Vertrages. Für Sie ist das eine gute Sache, denn hier können Sie eine günstige Grundlage schaffen. Mit so einer Grundlage, welche Sie jederzeit auch im Kopf parat haben, lässt es sich entspannter arbeiten.

Voraussetzung hierfür ist ein rechtssicheres Schriftwerk nach Ihren Vorstellungen. Dieses fertigen Sie individuell zusammen mit einem Fachanwalt an. Es ist eine einmalige und überschaubare Investition, welche Ihnen auf Dauer Vorteile in der Abwicklung bringen wird. Natürlich können Sie Vordrucke auch billig aus dem Internet herunterladen. Für ihre speziellen Anforderungen reicht das allerdings nicht!

Für eigen angefertigte Verträge müssen Sie natürlich genau wissen, mit wem Sie es zu tun haben. Ist der Vertragspartner z. B. Vollkaufmann oder Bauschaffender, dann können Sie ohne Bedenken die VoB vereinbaren. Bei Privatleuten geht dieses nur unter bestimmten Voraussetzungen. Hier müssen Sie sicherstellen, dass der Kunde die Grundlage genau kennt (z. B. die VoB in Kurzform aushändigen und bestätigen lassen). Unterlassen Sie dieses, dann greifen in jedem Falle die Bedingungen des BGB. Diese unterscheiden sich jedoch unter anderem in Hinsicht auf Gewährleistung, Nachbesserungsrecht und Zahlungsbedingungen deutlich.

Beginnen Sie einen Auftrag erst, wenn Sie diesen im Original erhalten haben und dieser auch korrekt unterschrieben wurde. Einen früheren Beginn kann niemand von Ihnen verlangen.

Die Arbeitsvorbereitung

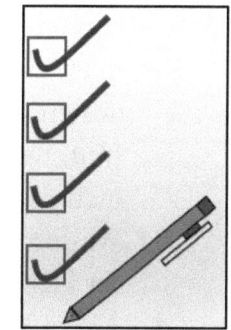

Die Arbeitsvorbereitung nimmt einen wichtigen Platz ein, in der von Ihnen kalkulierten Auftragsabwicklung. Je besser Sie im Vorhinein die Abläufe planen, desto weniger Fehlzeiten und Behinderungen werden auftreten.

Fixieren Sie zu allererst den genauen Beginn der Arbeiten, falls ihnen dieser nicht schon im Auftrag vorgegeben wurde. Stellen Sie sicher, dass das vorgesehene Personal, die notwendigen Materialien und die für Sie tätigen Fremdfirmen zum geplanten Termin verfügbar sind.

Prüfen Sie ob sämtliche Vorleistungen des Auftraggebers schon erbracht sind oder fordern Sie diese Leistungen so früh, wie Sie es für nötig halten, an. Im Grundsatz gilt – alles so früh wie möglich-!

Fertigen Sie für Ihre Mitarbeiter eine Projektmappe an. Hier sollten vermerkt sein:

1. Alle projektrelevanten Kontaktdaten der am Auftrag Beteiligten. Nicht kostet mehr Zeit als Rufnummern zu suchen oder zu erfragen. Zudem kann eine kurze Detailnachfrage dabei helfen, große Fehler zu vermeiden.

2. Ein Leistungsverzeichnis – natürlich ohne Preise. Diese gehen erst einmal nur Sie etwas an und gehören nicht in die Hände eines tätigen Mitarbeiters oder in irgendeinen Bauwagen. Ob Sie zum Leistungsverzeichnis auch die kalkulierten Zeitvorgaben mit aufführen, müssen Sie selbst entscheiden, ich rate allerdings dazu, es nicht zu tun. Abgesehen davon, dass der Mitarbeiter hier kaum den Gesamtüberblick behalten kann, habe ich festgestellt, dass so eine Zeitvorgabe am besten von Ihnen vor Ort anzuweisen ist. Wenn Sie Ihrem Mitarbeiter nur aufschreiben, dass er am Tag vier In-

nentüren montieren muss, dann wird er auch nur vier Türen montieren. Wenn Sie ihm persönlich erklären, dass er mindestens vier Türen am Tage montieren muss, besser jedoch fünf, dann ist die Wahrscheinlichkeit deutlich höher, dass er mehr als vier Türen einbaut. So ist der Mensch.

3. Weisen Sie Ihre Mitarbeiter stets mit einer Arbeitsvorgabe für klar eingegrenzte Arbeitsabschnitte an.

4. Alle relevanten Pläne und Zeichnungen, welche zum Projekt gehören. Auch Pläne für spätere Arbeitsschritte.

5. Schreiben Sie auf, welche Materialien bei welchem Lieferanten abzuholen oder zu bestellen sind. Hier kommt es oft zu Problemen, wenn die Materialpreise nicht mit dem kalkulierten Lieferanten zusammenpassen. Schreiben Sie im Besonderen auf, ob und wann Zwischenabnahmen erforderlich sind.

6. Schreiben Sie das Muster eines Tagelohnberichtes mit den richtigen Anschriften und Adressen nieder. So hat es Ihr Mitarbeiter leichter und dieses Dokument hält in dieser Hinsicht auch einer Überprüfung stand.

7. In die Projektmappe für Ihre Mitarbeiter gehören immer die verbindlichen Maßgaben für das Verhalten auf der Baustelle, also das Verhalten, welches Sie von Ihren Mitarbeitern erwarten und welches der Auftraggeber im speziellen Fall erwartet. Das können z. B. bei Firmenkunden ein generelles Rauchverbot oder andere sicherheitsrelevante Verhaltensweisen sein.

Zu einer Arbeitsvorbereitung kann in vielen Fällen auch eine Dokumentation des Ist-Zustandes gehören. Wenn z. B. in einer Wohnung, die Sie sanieren sollen, Vorschäden vorhanden sind, dann zeigen Sie diese Schäden besser vor Beginn Ihrer Arbeiten beim Auftraggeber an.

Ausführung

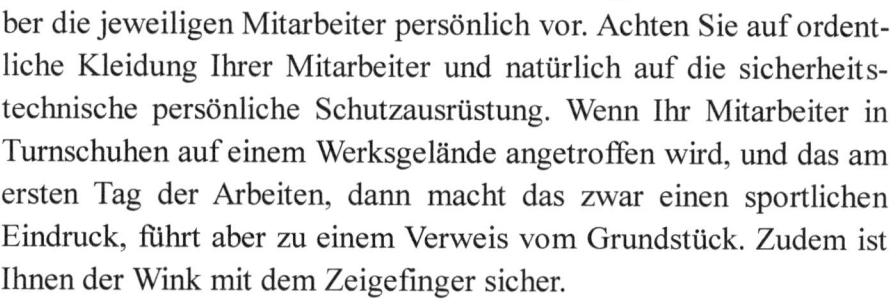

Schreiben Sie eine Anzeige über den erfolgten Baubeginn, wenn Sie eine termingebundene Leistung erbringen müssen, und stellen Sie diese dem Auftraggeber zu.

Vor Ort sehe ich die persönliche Einweisung als äußerst wichtig an. Stellen Sie Ihrem Auftraggeber die jeweiligen Mitarbeiter persönlich vor. Achten Sie auf ordentliche Kleidung Ihrer Mitarbeiter und natürlich auf die sicherheitstechnische persönliche Schutzausrüstung. Wenn Ihr Mitarbeiter in Turnschuhen auf einem Werksgelände angetroffen wird, und das am ersten Tag der Arbeiten, dann macht das zwar einen sportlichen Eindruck, führt aber zu einem Verweis vom Grundstück. Zudem ist Ihnen der Wink mit dem Zeigefinger sicher.

Alkohol und restalkoholisierte Mitarbeiter haben auf der Arbeit nichts verloren. Ab nach Hause!!

Sollten Sie im Bestand arbeiten, dann empfehle ich einen kleinen psychologischen Kniff: Rollen Sie oder Ihre Mitarbeiter stets eine Folie aus, bevor Sie eine Wohnung oder z. B. ein Büro betreten. Es spielt dabei keine Rolle, ob Sie selbst dieses als notwendig erachten. Der Kunde oder sein Vertreter sieht sofort, dass Sie auf seine Belange Rücksicht nehmen und Wert auf Sauberkeit legen. – Der erste Eindruck zählt, wie so oft im Leben, und das Stück Folie kostet Sie nur ein paar Cent.

Weisen Sie Ihre Mitarbeiter auf die nutzbaren Sanitäranlagen hin und wie diese zu behandeln sind. Sauberkeit von überlassenen sanitären Einrichtungen sollte selbstverständlich sein, dennoch habe ich hier schon die erstaunlichsten Dinge erlebt, welche mit einem normalen Hygieneverständnis auch nicht im Entferntesten etwas zu tun hatten.

Achten Sie auf sichere Stellmöglichkeiten für KFZ, Material und Geräte.

Prüfen Sie ob Anlieferfahrzeuge freie Zufahrten und Entlademöglichkeiten haben.

Überprüfen Sie die ausreichende Stromversorgung. Hier sind Anlaufstrombegrenzer oft das Mittel der Wahl um störungsfrei zu arbeiten.

Schauen Sie sich an ob evtl. Vorleistungen mängelfrei erbracht wurden und machen Sie evtl. die notwendigen Hinweise beim Auftraggeber.

Nachdem Sie also die Mitarbeiter eingewiesen haben oder selbst tätig werden, kann es nun also endlich losgehen. Bei Ihrer Arbeit muss ich Sie nun aber alleine lassen, da sind Sie der Fachmann!

Da ich in diesem Buch aber für die Hinweise zur Vermeidung von kostspieligen Schwierigkeiten verantwortlich bin, kommen wir nun zu den kleineren und größeren Stolperfallen:

- o Achten Sie darauf, dass alle Anweisungen bzgl. Ihres Gewerkes nur von den im Bauvertrag aufgeführten Personen erfolgen. Wenn der bauüberwachende Architekt Ihnen mündlich einen Zusatzauftrag zur Ausführung einer kleinen Nebenarbeit gibt, so muss er zu diesem Vorgang lt. Vertrag auch berechtigt sein. Selbst wenn er Ihnen im besten Falle noch einen Tagelohnbericht für hierfür geleistete Stunden unterzeichnet, so kann es sein, dass Sie diese Arbeit nicht vergütet bekommen, wenn er weder weisungs- noch zeichnungsberechtigt ist; darauf könnte sich ein Auftraggeber im Ernstfall zurückziehen. Gleiches gilt natürlich für alle anderen Arbeitsanweisungen eines vakanten Vertreters.

- Wenn es bei der Ausführung zu Verzögerungen kommt, welche in unangemessener Weise Ihr Geld kosten, dann stellen Sie dem Auftraggeber eine Behinderungsanzeige aus, am besten direkt mit einer Aufstellung der entstandenen Kosten. Das ist insbesondere bei termingebundenen Aufträgen sowie bei Aufträgen mit einer Vertragsstrafe ganz wichtig. Gehen Sie hierbei allerdings sensibel zu Werke. Der Auftraggeber wird es nicht verstehen können, wenn Ihr Firmenfahrzeug zehn Minuten vor einer Einfahrtsschranke warten muss und Sie ihm hierfür 3 Mitarbeiter * 50,- € *0,6 Std. berechnen. Andererseits könne Sie Ihre Arbeit auch nicht drei Stunden unterbrechen, wenn eine unvorhergesehene Betriebsversammlung des Auftraggebers keinen Lärm zulässt. Da wird der faire Auftraggeber aber auch meist Verständnis haben. Also bitte immer die Verhältnismäßigkeit bewahren.

- Vermeiden Sie offene Kritik an anderen Handwerkern auf der Baustelle. Besprechen Sie diese Dinge zuerst mit den jeweiligen Firmen und dann im Ernstfall mit dem Bauherrn – immer sachlich bleiben.

- Achte Sie auf Sauberkeit am Arbeitsplatz. Stellen Sie sich vor, die Bauherrin kommt nach Ihrem Feierabend in ihr Badezimmer und dieser intime Bereich sieht aus wie nach einem erfolgreichen Luftangriff – und das nur, weil Sie die Badewanne erneuern sollen. Weniges ist schlimmer, als diese Person nachhaltig zu verärgern. Also den Bauschutt wenigstens in Kübeln lagern, die Umverpackungen entsorgen und einmal den Besen gebrauchen – macht sich immer gut!

- Schützen Sie fertige Teilleistungen bis zur Fertigstellung der Gesamtleistung. Für Leistungen welche fertiggestellt wurden, aber später nicht mehr sichtbar sind, bietet sich eine Teilabnahme an. Mindestens jedoch sollten Sie darauf achten hier evtl. schon ein Aufmaß und eine Fotodokumentation anzufertigen. Dies kann z. B. bei Bewehrungen in Fundamenten und Decken, beim Einbau von innenliegenden Dämmungen oder im Erdreich liegenden Abdichtungen der Fall sein.

- Bei größeren und auch bei knapp kalkulierten Aufträgen ist eine begleitende Nachkalkulation für einzelne Arbeitsabschnitte, und/oder nach einem definierten Zeitraum oftmals sehr zu empfehlen. Wenn Sie früh genug merken, dass Ihre Kalkulation nicht mit den tatsächlichen Arbeitszeiten zusammenpasst, haben Sie jetzt noch Zeit etwas zu beeinflussen. Wenn die Arbeit fertig ist und Sie da erst merken, dass ein paar Hundert Stunden zu viel verbraucht wurden, dann ist es definitiv zu spät. Wenn Sie aber früh genug einen evtl. Nachtrag z. B. bei Behinderungen oder für vorher nicht erkennbare Zusatzleistungen stellen, dann können Sie den Schaden begrenzen. Weiterhin können Sie direkt Einfluss auf Ihre Mitarbeiter nehmen. Das bedeutet ganz einfach: *Leute, ihr verrichtet die Arbeit zu langsam, also hurtig und mit ganzer Energie ans Werk um die entstandenen Verluste zu verringern.* Das alles ist aber nur möglich, wenn Sie wissen und nachrechnen wie der Auftrag läuft. Natürlich ist dies auch ganz wichtig für Ihre zukünftige Kalkulation oder für die Personalauswahl kommender Angebote und Aufträge. Hier können Sie am besten feststellen, in welchem Arbeitsabschnitt genau es gehakt hat.

Bei umfangreichen Aufträgen über einen längeren Zeitraum empfiehlt es sich, einen festen Rhythmus für Besprechungen mit dem Auftraggeber oder seinen Vertretern festzulegen:

Differenzen mit dem Auftraggeber oder mit seinem Vertreter während der Ausführung

Hierfür kann es natürlich die unterschiedlichsten Gründe geben und ich möchte und kann hier nicht auf alle möglichen Einzelfälle eingehen. Trotzdem kann man grob eingrenzen in
- fachliche Meinungsverschiedenheiten
- persönliche Auseinandersetzungen

Grundsätzlich empfehle ich bei allen Arten von Auseinandersetzungen, diese ruhig und besonnen zu behandeln. Egal ob der Gegenüber ein Kunde, ein Nachunternehmer oder der eigene Mitarbeiter ist. Weiter kommen Sie nur damit, den Sachverhalt differenziert und möglichst emotionslos im Einzelnen zu analysieren.

Ich gebe zu, dass dies nicht immer ganz einfach ist, wenn Sie Gerechtigkeit und ein faires Miteinander erwarten, dieses aber vom Gegenüber so nicht praktiziert wird. Für Ihr eigenes Verhalten soll das aber egal sein – Sie sind der Chef und gehen somit souverän mit diesen nicht zu verhindernden Angelegenheiten um!

Fachliche oder persönliche Meinungsverschiedenheiten kann es natürlich auch mit den eigenen Mitarbeitern geben – da werde ich später im Buch noch drauf eingehen. – siehe Mitarbeiterführung.

Zu den fachlichen Differenzen

Im Prinzip unterscheide ich hier Unstimmigkeiten in der Art der Ausführung. Das können sein:
- Qualitätsmängel
- Einhaltung von Terminvorstellungen
- Behinderungen durch Fremdleistungen
- formelle Auseinandersetzungen

Wie bearbeitet man nun schematisch diese Aufgaben?

Zuallererst nehmen Sie sich ihren Werklieferungsvertrag zur Hand. Dieser bietet oftmals den Hinweis auf die Grundlagen der Ausführung, also in den meisten Fällen Leistungsverzeichnis, Zahlungsbedingungen, Termine usw.

Sollte also vom Auftraggeber die Qualität eines von Ihnen montierten Waschtisches aus dem Baumarkt bemängelt werden, dann schauen Sie in Ihr Leistungsverzeichnis. Wenn dort ein bestimmtes Produkt beschrieben ist, müssen Sie den Waschtisch austauschen. Wenn aber der Zusatz *wie oft praktiziert* oder *nach Wahl des Bieters* dahintersteht, dann haben Sie erst einmal keinen Fehler gemacht. Auch der Zusatz: *oder gleichwertig* lässt hier zumindest eine Tür offen. – Verstehen Sie dies auch als Hinweis, dass eine Auseinandersetzung ohne ordentliche Vertragsgrundlagen deutlich schwieriger zu bearbeiten ist.

Für die Beurteilung von Qualität gibt es Normen und Vorschriften, die Sie im beauftragten Einzelfall natürlich kennen sollten. Sie geben die entsprechenden Bestimmungen als Arbeitsanweisung dann natürlich an die ausführenden Mitarbeiter weiter – sonst nutzt es wenig.

Vermeiden Sie in einem Zwiegespräch vor Ort, sich vorschnell auf ein Statement festzulegen, wenn Sie sich Ihrer Sache nicht zu 100 Prozent sicher sind. Den Hinweis *Sie haben sicher Verständnis, das ich das erst prüfen möchte* wird Ihnen kaum jemand übel nehmen. Bei unfairen Gegenübern spielt es hingegen sowieso keine Rolle, wenn dieser sich vor den Kopf gestoßen fühlt.

Zu den qualitativen Differenzen

Qualitätsdifferenzen lassen sich mit der Beantwortung folgender Fragen bearbeiten:

- Hat die erbrachte Lieferung/Leistung die vertraglich zugesicherte Eigenschaft?
- Entspricht sie den geltenden Normen und Vorschriften?

Ist dies der Fall, geben Sie dem Auftraggeber die entsprechenden Hinweise. Vielfach ist der Gegenüber selbst einem Auftraggeber oder seinem Arbeitgeber nachweispflichtig und wird die Hinweise dankend annehmen.

Sollten Sie feststellen, dass die erbrachte Lieferung oder Leistung nicht den Kriterien entspricht, gibt es mehrere Wege:

- Erneuern Sie den Teilbereich ohne weitere Diskussion, wenn Sie merken, dass die unten genannten Möglichkeiten nicht zum Ziel führen:
  - o Vereinbaren Sie schriftlich einen Preisnachlass für diese Teilleistung, mit dem Hinweis auf das Einverständnis zur späteren mängelfreien Abnahme.
  - o Sollten Sie dennoch der Überzeugung sein, dass trotz der Nichteinhaltung von Normen Ihr Werk wirklich gut ist, bieten Sie eine verlängerte Gewährleistung auf diesen Teilbereich an. Das genügt dem Kunden meist, ohne dass Sie einen Austausch vornehmen müssen.
- Falls es sich um einen optischen Mangel handelt, wird die Sache etwas schwieriger:
  - o Wenn eine Holzoberfläche alle technischen Voraussetzungen erfüllt, diese dem Kunden aber nicht gefällt, dann geht es mehr um Emotionen und dann eben letztendlich um den Goodwill aller Beteiligten, ein akzeptables Ergebnis zu erreichen. Wenn Sie erkennen können, dass Ihr Gewinn durch die Erfüllung des Kundenwunsches zwar schmilzt aber dennoch ausreichend ist, dann tun Sie dem Kunden doch einfach den Gefallen. Tatsächlich geht es darum, dass durch das Ergebnis Ihrer Bearbeitung Sie selbst und auch der Kunde zufrieden ist.

o Ist das trotz aller Bemühungen nicht möglich, ziehen Sie einen Sachverständigen hinzu, dessen Urteil dann auch die Gegenseite im Vorhinein akzeptiert.

Einhaltung von Terminvorstellungen und Behinderungen durch Fremdleistungen.

Auch hier erst einmal schauen, was vertraglich vereinbart ist. Die schlichte Aussage des Kunden *Das geht mir zu langsam* reicht nun einmal nicht aus, vor allem wenn keine Termine vereinbart wurden.

Weisen Sie den Kunden darauf hin, dass Sie eine Kalkulation vorgenommen haben, welche auf die Arbeitstakte, evtl. Trocknungszeiten, Materialbestellungen und den Einsatz einer bestimmten Anzahl von Mitarbeitern basiert. Auch brauchen Sie eine bestimmte Qualifikation der ausführenden Mitarbeiter, sodass eine reine Erweiterung der Mitarbeiteranzahl nicht zielführend wäre.

Sollten Terminverzögerungen in der Fertigstellung von bauseitig beauftragten Fremdfirmen begründet sein, haben Sie ein gutes Argument, wenn Sie begleitend eine Behinderungsanzeige ausfertigen.

Bleiben Sie bei all dem immer kooperativ, Sie wollen ja möglicherweise noch des Öfteren mit dem Kunden zusammenarbeiten, und somit Vieles dafür tun, seine Belange umzusetzen.

Formelle Auseinandersetzungen während der Ausführung

Hier geht es meist ums Geld. Dieses Thema bitte niemals am Ort der Ausführung unter Anwesenheit von Mitarbeitern besprechen, sondern in separaten Bereichen ohne werktätige Angestellte. Zufällig aufgeschnappte Beträge können von den Mitarbeitern nicht richtig eingeordnet werden und führen in den meisten Fällen zu dummem Geschwätz und Mutmaßungen über das Einkommen des Chefs.

Zu den formellen Auseinandersetzungen gehört in jedem Fall auch ein Zahlungsverzug während der Ausführung, das heißt: nicht fristgerecht geleistete Abschlagszahlungen oder gekürzte Teilrechnungen. Hier müssen Sie ganz genau aufpassen und ich kann Ihnen einen Rat geben, den Sie bitte immer in Abstimmung mit Ihrem Rechtsanwalt als Erstes in Betracht ziehen sollten: *Stellen Sie die Arbeiten umgehend ein, wenn ein vertretbarer Zeitraum ohne Zahlung verstrichen ist!* Vertretbar, je nach Material und Personaleinsatz, sind für mich drei Tage über dem vereinbarten Termin. Das mag variieren von sofort bis sechs Tage. – Habe Sie keine Angst vor Vertragsstrafen oder Ähnlichem, wenn Sie die Arbeiten einstellen. Sie halten sich an Ihre Vereinbarungen – die Gegenseite nicht! Auch bei willkürlich gekürzten Abschlagsrechnungen würde ich diese Vorgehensweise berücksichtigen. Es ist Ihr stärkstes Werkzeug und bringt jeden Auftraggeber zum Handeln – wie auch immer.

Leider habe ich erleben müssen, wie ein junger Unternehmer im ersten größeren Auftrag unter der Angabe von fadenscheinigen Versprechen und Lügen weitergearbeitet hat, ohne dass die vereinbarten Zahlungen erfolgten. Rasch waren so Materialien und Lohnleistungen von rund 50.000,- € geliefert und verarbeitet. Die spätere gerichtliche Auseinandersetzung hat das Unternehmen nicht durchgestanden. Firma pleite – Feierabend.

Auftraggeber, welche planen ein Unternehmer ins Messer laufen zu lassen, geben sich zu Beginn eines größeren Auftrages sehr kulant. Meist werden die anfänglichen Zahlungen überpünktlich überwiesen und alle sind sehr erfreut über die Gesamtmaßnahme. So war es auch bei dem oben beschriebenen Fall: Die ersten zwei Zahlungen kamen überpünktlich, man hat sich geduzt und alles war toll. Das war es dann aber auch, die dritte und vierte Rechnung wurde nicht mehr bezahlt. Die Arbeiten wurden trotzdem zu 95 Prozent fertiggestellt – trotz meiner eindringlichen Warnung, die Arbeiten umgehend ruhen zu lassen.

Dann besser bei anderen Kunden direkt weiterarbeiten, etwas dabei verdienen und das Geld auch erhalten. Im schlechtesten Fall die Mitarbeiter in Urlaub schicken, wenn keine andere Arbeit da ist – das ist alles billiger als weiterzuarbeiten.

Bedenken Sie immer Folgendes: Sie haben sich vertraglich dazu verpflichtet, eine ordentliche Werkleistung zu erbringen. Die Verpflichtung des Kunden in diesem Vertrag besteht darin, diese wie im Vertrag vereinbart zu vergüten. Eine fristgerechte Zahlung für geleistete Arbeiten zu verlangen, ist weder anmaßend noch eine Bittstellung, sondern ein Hinweis auf den wichtigsten Aufgabenbereich des Kunden: die Zahlung!

Abschließend zum Thema *Differenzen* noch ein paar Tipps, wie Sie sich gegen vermeintliche Schikane wehren können:

Wenn Sie partout mit dem Verhalten eines Vertreters Ihres Auftraggebers nicht zurechtkommen und dieser im Bauvertrag nicht namentlich genannt ist, dann lehnen Sie diese Person erst einmal genau unter diesem Hinweis ab. Jetzt muss der Auftraggeber sich selbst um die Angelegenheit kümmern und wird nach einer Lösung suchen.

Sollte der Vertreter im Auftrag genannt sein, scheuen Sie sich nicht evtl. krasses Fehlverhalten oder Willkür schriftlich beim Auftraggeber anzuzeigen. Das gibt zwar oft im ersten Moment einen Aufschrei, doch *Streit reinigt die Luft*, wenn es denn notwendig ist. Ob eine weitere Zusammenarbeit mit diesem Vertreter dann noch möglich ist, sich evtl. verbessert oder auch nicht, sei dahingestellt. Aber ab jetzt wird sich ein jeder bemühen sein eigenes Verhalten rechtlich einwandfrei zu gestalten.

Es gibt da eine nette Geschichte zu einem Bauleiter eines großen Bauträgers:

Ich fuhr mit diesem zu einer umfangreichen Sanierungsbaustelle. Bevor wir ausstiegen – es war acht Uhr am Morgen – sagte dieser Bauleiter zu mir: »Jetzt passen Sie mal auf, wie ich mir hier Respekt verschaffe.« Unmittelbar nachdem wir den Wagen verlassen hatten, trafen wir auf einen Elektromonteur. Diesen stampfte der Bauleiter ohne Gruß nach allen Regeln der Unbeherrschtheit lautstark in den Boden, sodass es das gesamte Baustellenpersonal es mitbekam. Alles, was schreiend gegen den Monteur vorgebracht wurde, war völlig haltlos und reine Polemik, pure Einschüchterung und nur dazu da, den anderen Bautätigen den Schneid abzukaufen. Zu meinem Erstaunen hat es funktioniert. Fast willenlos wurden alle Anweisungen vom Bauleiter nun umgesetzt.

Sollten Sie also einmal in eine solche Situation geraten, lassen Sie sich nicht einschüchtern. Wünschen Sie dem Menschen einen guten Tag, erinnern Sie ihn an die Grundlagen einer vernünftigen menschlichen Kommunikation und bleiben Sie sachlich – weiteres Anbrüllen sollten Sie zum Anlass für einen Abbruch des Gespräches nehmen.

Auf der Rückfahrt, unter vier Augen, sagte mir der Bauleiter mit sichtlichem Stolz: »Na? Haben Sie gesehen, wie ich mir Respekt verschafft habe?«

»Ja, das habe ich mitbekommen«, sagte ich zu ihm. »Ich kann Ihnen aber schon jetzt in aller Deutlichkeit versichern, dass Sie eine gute Portion Glück hatten, dass Sie in Zukunft nicht mit den Folgen eines Kieferbruchs zu kämpfen haben. Es gibt auch Menschen, deren Verhalten so ganz anders ist als erwartet.«

Ich selbst hatte in Zukunft niemals ein Problem mit diesem Herrn.

Diese kleine Anekdote soll Sie natürlich nun nicht dazu auffordern, irgendwelchen Beteiligten Prügel anzudrohen. Es soll Ihnen aber aufzeigen, dass unverhoffte Reaktionen und Maßnahmen bei Auseinandersetzungen hilfreich sein können.

Tagelohnarbeiten

Diesem Thema möchte ich besondere Aufmerksamkeit widmen, da es hier immer wieder zu Unstimmigkeiten während der Auftragsabwicklung kommt.

Zuerst darf ich Ihnen raten, ein eigenes Formblatt zu erarbeiten, welches auf die individuellen Bedürfnisse Ihres Unternehmens zugeschnitten ist, dieses immer mit der Möglichkeit einer direkten Durchschrift.

Machen Sie sich die Mühe, auch ihren Mitarbeitern eine konkrete und umfassende Einweisung zukommen zu lassen, welche Dinge darin an welcher Stelle einzutragen sind. Hier kann bares Geld erwirtschaftet oder eben rausgeworfen werden.

Versichern Sie sich selber bei Ihrem Auftraggeber, welche Personen berechtigt sind Tagelohnberichte rechtsverbindlich zu unterzeichnen. Es passiert oft, dass der Unterzeichner überhaupt nicht befugt ist irgendetwas im Namen des Auftraggebers zu unterschreiben. Wenn Sie das erst vor Gericht feststellen, ist es meist zu spät. Hier spreche ich z. B. von Projektleitern, Ehefrauen, Mitarbeitern von dritten Firmen etc.

In erster Linie sollen Tagelohnstunden – wenn es kein reiner Tagelohnauftrag ist – dazu dienen, unvorhersehbare oder aktuell notwendige Arbeiten zu erfassen und abzurechen. Auch werden Sonderwünsche oftmals hierüber erfasst. Sie oder ihre Mitarbeiter müssen hierzu natürlich auch genau das Leistungsverzeichnis kennen, um diese Leistungen abzugrenzen. Bedenken Sie Pausenzeiten, erfassen Sie genau Arbeitsbeginn und Arbeitsende. Erfassen Sie genau die Berufsgruppen, welche im Tagelohn tätig sind, genauso wie Maschinen und Materialeinsatz sowie evtl. Entsorgungen.

Erfassen Sie stets ganze Gebinde – den halben Eimer Farbe oder den halben Sack Fliesenkleber müssen Sie evtl. noch kostenpflichtig entsorgen, wenn er nicht gebraucht wird – das bezahlt der Kunde dann sowieso nicht.

Achten Sie darauf, dass eine Facharbeit auch von einem Facharbeiter ausgeführt wird. Bei Helfertätigkeiten gibt es dann die ersten Fragen, wenn der Bauschutt acht Stunden lang von einem Meister herausgeschafft wird und Sie diese Meisterstunden bezahlt haben möchten. Warten Sie besser, bis der Helfer verfügbar ist, oder weisen Sie den Auftraggeber darauf hin, dass im Moment eben nur der Meister verfügbar ist und dieser auch als ein solcher bezahlt wird, dass Sie zwar gerne den Kundenwunsch erfüllen, aber dann im Moment eben zu diesen Bedingungen. Es ist auch hier sehr wichtig, ob der Vertreter des Auftraggebers zur Unterschrift berechtigt ist.

Gerade bei Tagelohnarbeiten sind die Fahrzeiten sehr wichtig: Wenn Ihr Mitarbeiter sein Fahrzeug auf dem Firmengelände belädt, dann noch zum Händler fährt, um einen Heizkörper zu holen, dann ist er vielleicht erst eine Stunde nach seinem Arbeitsbeginn beim Kunden. Wie vergüten Sie es dem Mitarbeiter, wenn dieser um 8.00 Uhr mit der Arbeit vor Ort beginnt, obwohl er schon um 7:00 Uhr angefangen hat zu arbeiten? Der Kunde schaut auf die Uhr und hat nicht immer Verständnis dafür, wenn er Zeiten bezahlen soll, während derer niemand am Ort des Geschehens war. Hier sollten Sie vorher eine Regelung treffen und darauf hinweisen, dass so etwas fallweise vorkommen kann und diese Zeiten zu vergüten sind.

Wenn die Summe der Tagelohnstunden über die im Angebot ausgestellte Menge hinausgeht, dann rate ich zu einer kurzen Info an den Auftraggeber, um eine spätere Verwunderung auszuschließen. Die Ausführung von Tagelohnarbeiten während eines laufenden Bauvorhabens gibt dem Ausführenden die Möglichkeit, kleinere Nebenarbeiten und nicht im Leistungsverzeichnis erfasste Arbeiten auch vergütet zu bekommen. Hiermit können also Lücken im Ertrag vermieden und geschlossen werden.

Legen Sie dem Kunden die Berichte immer zeitnah vor. Ein vorgelegter Bericht von vor zwei Wochen ist schwerlich für den Kunden zu kontrollieren und birgt immer Potenzial für Ärger. Die unterzeichneten Berichte müssen zeitnah bei Ihnen abgegeben werden, damit sie a) nicht in irgendeinem Fahrzeug verschüttet werden und b) zeitnah von Ihnen abgerechnet werden können. Unterschriebene Tagelohnberichte sind wie Schecks und diese behandeln Sie ja auch sehr sorgsam.

Ein sachlich richtiger Tagelohnbericht ist nur schwerlich im Nachhinein anzuzweifeln – ob nun eine halbe Stunde zu viel aufgeschrieben wurde oder nicht. Was geschieht nun, wenn der Auftraggeber die Unterzeichnung eines Berichtes verweigert oder diesen gegen ihr Verständnis abändert oder kürzt? Hier rate ich sofort das Gespräch zu suchen und den Sachverhalt zu klären. Sollte sich der Kunde dennoch uneinsichtig zeigen – meist geht es um zu viel erfasste Stunden –, dann würde ich ihm die Möglichkeit einer eidesstattlichen Versicherung der Mitarbeiter aufzeigen. Auch ist ein Hinweis darauf, dass bis zur gütlichen Einigung keine weiteren Tagelohnarbeiten mehr durchgeführt werden können, oft sehr nützlich. Wenn der Kunde ein solch großes Misstrauen mitbringt, könnte er die Arbeiten ja auch persönlich permanent überwachen. Also wichtig: Legen Sie große Sorgfalt auf eine exakte Erfassung – richtige Daten, Mengen und zeitnahe Unterzeichnung.

Aufmaß zur Abrechnung

Bei einer Abrechnung nach Aufmaß empfehle ich, jeder Rechnung ein fortlaufendes Aufmaß beizulegen.

Ein prüfbares Aufmaß zu erstellen welches Sie einer Rechnung beilegen können, ist eine elementare Angelegenheit, für die Sie sich Zeit nehmen müssen. Dies gilt natürlich insbesondere für die Schlussrechnung, aber auch sinnvollerweise für jede Teilrechnung oder Abschlagsrechnung.

Neben der hiermit verbundenen eigenen, parallel zum Bauablauf besseren Kostenüberwachung, hat dies folgende Vorteile:

- Zum einen zeigt es dem Auftraggeber an, dass Sie sich fortlaufend mit diesem Auftrag auseinandersetzen und diesen ordentlich begleiten.

- Des Weiteren vergessen Sie weniger, als wenn Sie erst nach einigen Wochen Arbeiten ausmessen, welche zum Teil vielleicht schon überarbeitet wurden. Insbesondere bei notwendigen Rückbauarbeiten sind diese vor dem Abbruch gefertigten Aufmaße enorm wichtig, aber auch bei Arbeiten, die z. B. von einem Maler überarbeitet wurde und somit nicht mehr direkt sichtbar sind.

Darüber hinaus rate ich auch dazu, evtl. Tagelohnberichte mit einzureichen.

Da das Aufmaß natürlich maßgeblich mit dem Ertrag zusammenhängt, dürfen Sie hier nichts vergessen. Besser dreimal überlesen und kontrollieren. Nichts ist peinlicher, als wenn Sie den Boden eines Wohnraumes mit 44 m² abrechnen, der Wohnraum aber nur 32 m² groß ist.

Ein ordentlich aufgestelltes und prüfbar angefertigtes Aufmaß macht die Sache für alle Beteiligten einfacher und verhindert Streitigkeiten. Fotos, Skizzen und Erklärungen sind hier sehr hilfreich. Halten Sie sich an die Aufmaßregeln der VoB in Bezug auf Abzüge. Machen Sie sich Gedanken darüber, wie viele Stellen Sie hinter dem Komma berücksichtigen. Sollten Sie z. B. errechnen, dass der Abzug einer Öffnung in einer verputzten Wand in der dritten Stelle hinter dem Komma sagen wir einmal 2,496 m² beträgt und Sie Flächen ab 2,5 m² abgezogen bekommen, dann rechen Sie die Fläche durch, denn die 2,496 m² wären mit einer Aufrundung zum Abzug berechtigt. Auch hier können Sie evtl. einige Euro mehr erhalten.

Abnahme der erbrachten Leistung

Der Abnahme Ihrer Leistung durch den Auftraggeber kommt, wie Sie wissen, eine große Bedeutung zu. Nicht nur der Beginn von Gewährleistungsfristen ist oft an diese Abnahme gebunden, sondern gerade auch die noch ausstehenden Restzahlungen.

Die Abnahme ist formell anzufordern und ist z. B. bei einem VoB-Vertrag innerhalb von 12 Tagen durchzuführen. Hierzu ist der Auftraggeber verpflichtet, sollten keine groben Mängel vorliegen. Als Anzeige der Fertigstellung gilt auch eine als Schlussrechnung ausgestellte Rechnung.

Bei der Abnahme gilt natürlich auch, dass diese nur die hierzu bevollmächtigten Personen durchführen und gegenzeichnen dürfen.

Dass die Abnahme mit einem schriftlichen Protokoll durchzuführen ist, versteht sich glaube ich von selber (immer mit Durchschlag arbeiten).

Ich rate gerade in Hinsicht auf die Abnahme immer zu einem VoB-Vertrag für Handwerksleistungen, da diese Grundlage einige ordentliche Regelungen bietet. Die Abnahme und deren Bestimmungen sind hier umfassend behandelt.

Soweit so gut – Theorie und Praxis sind hier oftmals weit voneinander entfernt. Folgende Schwierigkeiten treten beim Abnahmetermin häufig auf.

- Der Auftraggeber moniert eine noch nicht restlos fertiggestellte Arbeit:
  Dieses lässt sich schnell klären; fehlt z. B. der Stopfen eines Waschtisches, dann sollten Sie diese Restarbeit vermerken. Achten Sie aber darauf, dass Sie einen Hinweis geben, dass dieses kein Qualitätsmangel ist, hier geht es nur um eine Vollständigkeit der vertraglich zu erbringenden Leistung.

- Der Auftraggeber moniert eine farbliche Abweichung z. B. bei einer Verfugung:
  Hier ist im Leistungsverzeichnis nachzusehen wie etwas definiert wurde. Wenn hier steht *Verfugung in Grau*, dann kann dieses Hellgrau oder Dunkelgrau sein, wenn nicht vorher ein bestimmter Wunsch vorgebracht wurde. Auch hier liegt kein Qualitätsmangel vor – geben Sie einen Hinweis.
- Der Auftraggeber moniert eine zu raue Oberfläche des Verputzes:
  Wenn Sie eingestehen müssen, dass dieses der Fall ist. Vermerken Sie dieses aber nicht global, sondern beschreiben Sie nur die tatsächlich beanstandeten Flächen. Dies gilt im Übrigen für alle vorgebrachten Mängel. Wenn zwei Wasserhähne nicht funktionieren, dann schreiben Sie auch nur zwei Wasserhähne in deren bestimmter Position auf. Globale Beschreibungen also vermeiden, um nicht zu viele Restarbeiten zur Mängelbeseitigung zu produzieren.

Einen von Ihnen anerkannter Mangel – wenn dieser klar erkennbar ist, sollten Sie ohne viel Diskussion auch als anerkannt vermerken. Hier irgendwelche Polemik oder Sätze wie *Jetzt habe ich überhaupt nichts mehr verdient tragen* nur zu schlechter Stimmung bei. Also nicht herumjammern sondern sachlich den Mangel behandeln.

Ich selber halte es oftmals für sinnvoll, einen nur von mir erkannten kleineren Mangel auch selbst vorzutragen. Das macht einen fairen und seriösen Eindruck auf den Auftraggeber. Hier braucht er nicht zu suchen und Sie demonstrieren Ihre Rechtschaffenheit. Vermeiden Sie das Vertuschen oder Verschleiern von Ausführungsfehlern. Eine defekte Fliese oder eine nicht lotrechte Wand, vor der während der Abnahme zufällig eine Menge Bauholz steht, wird Ihnen irgendwann trotzdem angelastet werden. So ein Trick sollte nicht Ihre Art sein zu agieren.

Vermeiden Sie Tricks wie z. B. die Verwendung eines speziellen Aufmaßzollstockes, welcher etwas kürzer ist als der Norm entsprechend, und nennen Sie korrekte Maße bei gemeinsamen Aufmaßen. Unterlassen Sie Zahlendreher beim Aufschreiben des Aufmaßes, 8,29 m sind eben nicht 8,92 m – dies wird im Aufmaß immer wieder versucht.

Überprüfen Sie jeweils, ob die von Ihnen erbrachten Leistungen schon in Gebrauch sind. Gegebenenfalls gelten diese dann als abgenommen. *In Gebrauch nehmen* bedeutet z. B. auch, wenn ein Fremdunternehmer auf Ihrer Leistung seine eigene Leistung aufgebaut hat.

Beispiel: Sie haben ein Betonfundament errichtet und ein Fremdunternehmer setzt darauf eine Fertiggarage. Wie Sie erfahren konnten, geschah dieses drei Tage nach Ihrer Werkleistung. Die nun entstandenen Risse sollen Ihnen in der Abnahme angelastet werden. So geht es natürlich nicht! Überprüfen Sie also, ob auf Ihrer Leistung von Fremdunternehmen aufgebaut wurde und ob der Mangel möglicherweise erst deshalb auftrat.

Noch ein Beispiel: Wenn der bauseitige Fliesenleger seine Fliesen auf eine von Ihnen nicht gerade verputzte Wand klebt, ist dies einzig und alleine sein Problem. Die Prüfung obliegt dem Fliesenleger. Hier brauchen Sie keinen Mangel eingestehen.

Es gibt hier sicher viele Hundert Beispiele, welche im Einzelfall betrachtet werden müssen. Grundsätzlich sollten Sie eine Abnahme in Ruhe und mit Bedacht durchführen. Gerade Streitereien sind hier absolut zu vermeiden.

Denken Sie daran: Alles, was nicht vermerkt wurde, gilt als abgenommen. Auch die in einer vor der Abnahme gestellten Schlussrechnung aufgeführten Leistungen sind durch eine Erklärung des

Auftraggebers im Abnahmetermin zu monieren und aufzulisten, wenn er diese als nicht gerechtfertigt ansieht.

Vermerken Sie den genauen Zeitpunkt der evtl. Ausführung von Restarbeiten und Mängelbeseitigung, wenn Ihnen dies möglich ist und im besten Falle direkt einen Termin zur neuerlichen Abnahme dieser Punkte.

Bitte beachten Sie, dass es natürlich die Möglichkeit gibt einen Vermerk zu machen, welcher Ihnen schon eine Zahlung bis zur letztendlichen Mängelbeseitigung zusichert.

Beispiel: Sollte z. B. der Austausch eines bestimmten Zapfhahnes vier Wochen dauern und der Wert der Hahnes beträgt 250,- €, die ausstehende Restzahlung des Gesamtauftrages jedoch 8.000,- €, dann wäre es doch anständig, als weiteren Abschlag 7.000,- € zu überweisen. Das sollten Sie in Übereinstimmung mit einem fairen Auftraggeber erreichen können.

Letztendlich können beide Seiten auch die Abnahme in der Gesamtheit oder in einzelnen Punkten verweigern. Dann muss in den meisten Fällen ein Dritter, sprich unabhängiger Sachverständiger die Angelegenheit überprüfen. Einigen Sie sich im Vorfeld über die Anerkennung einer solchen Person.

Beachten Sie auch, dass Sachverständige in einem Verfahren meist noch einmal vom Richter bestellt werden. Diese sind dann unabhängig und vereidigt, oftmals kann man sich die Kosten von selbst bestellten Sachverständigen ersparen, außer hier stehen schon namentlich benannte Personen im Vertrag.

Rechnungslegung

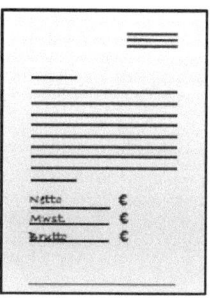

Formalien:

Ob Abschlagsrechnung, Teilrechnung oder Schlussrechnung – all diese Dokumente müssen auf
Grundlage des Auftrages und formell einwandfrei
gestellt werden.

- Das beginnt bereits bei der Adresse des Auftraggebers:
  Allein ein Schreibfehler reicht aus, dass der Auftraggeber
  das Recht hat, die Rechnung nicht anzuerkennen. Gerade im
  Bereich der Firmenkunden wird dies sehr gerne praktiziert.
- Schreiben Sie die Rechnungen schnellstmöglich! Das bedeutet: unmittelbar nach der Fertigstellung der aufgeführten
  Lieferungen und Leistungen.
  Die Vorteile liegen auf der Hand: Sie haben meist schneller
  Ihr Geld, das Risiko, das etwas von Dritten beschädigt wird
  und Sie dafür geradestehen müssen, bis es bezahlt ist, wird
  geringer, und die Gewährleistungsdauer kann früher begin-
  nen, endet also auch eher!
- Wenn Sie eine Rechnung über einen prüfenden Architekten
  versenden müssen, dann rate ich dazu, zeitgleich die Rech-
  nung an den Auftraggeber zu versenden. Dazu haben Sie das
  Recht und es bringt den Prüfenden in Zugzwang, Ihre Rech-
  nung zeitnah zu bearbeiten.
- Achten Sie auf ein korrektes Datum. Das ist ebenfalls ein
  Kriterium, um eine Rechnung nicht anzuerkennen.
- Um eine Zahlung etwas zu beschleunigen, haben Sie die
  Möglichkeit, die Rechnung vorab per E-Mail zu versenden.
  Wenn Sie am Freitagabend eine Rechnung schreiben und

wissen, dass der Postkasten erst am Montag geleert wird und somit der Brief erst am Dienstag dem Kunden vorliegt, können Sie schon das Datum von Freitag eintragen. Alle Einwände des Auftraggebers bezüglich der evtl. verlängerten Zahlungsfristen aufgrund des Postweges sind damit meist vom Tisch.

- Sie müssen eine Rechnungsnummer vergeben. Diese Nummer sollte nicht unbedingt eine fortlaufende Zahl sein (so etwas lese ich immer wieder in Handwerkerrechnungen). Wenn Sie also eine Nummer vergeben, z. B. 20160012, so kann der Auftraggeber daran erkennen, dass Sie in 2016 bisher 12 Rechnungen geschrieben haben. Nicht so schlimm? Wenn Sie zuvor allerdings bereits 8 Rechnungen an denselben Auftraggeber geschrieben haben, dann weiß er, dass er Ihr größter Kunde ist und hat damit ein gewisses Druckmittel in künftigen Verhandlungen.

  Besser also einfach das Ausstelldatum umdrehen. Beispiel: Rechnungsdatum 16.05.2016 ergibt die Rechnungsnummer 160516 – hieraus lässt sich nichts ableiten.

- Dass Sie Ihre eigene Adresse und Bankverbindung angeben müssen versteht sich von selbst.

- Rechnungen müssen nicht unterschrieben werden obwohl das immer wieder vorkommt.

- Vermerken Sie die Vertragsbedingungen (Zahlungsziele, Skonto, Nachlass). Vergessen Sie nicht die gesetzlichen Mehrwertsteuerbestimmungen und auch nicht die Lohnkosten auszuweisen, wenn Sie für private Auftraggeber tätig sind.

- Alle Rechnungen sind prüfbar aufzustellen. Das bedeutet, dass Sie anhand des Auftrages und dessen Bestimmungen aufgestellt werden müssen.

- Der Auftrag und der Ort der Ausführung müssen vermerkt sein. Es reicht z. B. nicht wenn Sie schreiben: *Bauvorhaben Einfamilienhaus Müller*. Richtig wäre:
  Bauvorhaben: Einfamilienhaus Müller
  Straße, Nr. in PLZ/Ort
  Auftrag Nr. 00000 vom 00.00.00

Genauigkeit bei der Rechnungslegung ist enorm wichtig, falls es zu Streitigkeiten kommt. Eine Rechnung ist ein Dokument vor Gerichten und Ämtern!

Abschlagsrechnung

Die Abschlagsrechnung oder Akontozahlung sollten Sie natürlich genau so prüfbar aufstellen wie eine Schlussrechnung. Zum einen fließt diese Rechnung in Ihre parallele Kalkulation ein, andererseits auch in Ihre betriebswirtschaftliche Auswertung jedes Monats. Vermeiden Sie also pauschale Rechnungen, wenn dies nicht mit dem Auftraggeber vereinbart ist.

Stellen Sie sich vor, Sie stellen eine pauschale Abschlagsrechnung für bisher erbrachte Lieferungen und Leistungen über z. B. 20.000,- € und der Auftraggeber kürzt diese um ein Drittel. Was habe Sie jetzt entgegenzuhalten, wenn Sie merken, dass nur 2/3 der Summe auf Ihrem Konto landen? Da müssen Sie sich die Arbeit sowieso machen und es vergeht viel Zeit bis zur nächsten Zahlung. Führen Sie also jede Teilleistung mit dem dazugehörigen Nachweis (Tagelohnberichte oder Aufmaße sowie Fotos) einzeln auf.

Vermeiden Sie, bei solventen und vertrauenswürdigen Kunden die Abschlagsrechnungen wissentlich zu überziehen. Berechnen Sie nur das, was bis zum Tage des Rechnungsdatums auch geleistet wurde. Vermeiden Sie z. B. auch eine Berechnung mit einer voraussichtlich erbrachten Leistung zum vereinbarten Zeitpunkt der Zahlung, auch wenn dieses von manchem als ein probates Mittel zur Risikobeschränkung angesehen wird.

Ich persönlich halte es für transparent, wenn Sie in jeder Abschlagsrechnung die Positionen kumuliert aufstellen, also alle bisher erbrachten Lieferungen und Leistungen aus vorherigen Abschlagsrechnungen mit aufführen. Sie und der Kunde haben stets einen genauen Überblick und weiterhin sind Beträge, welche evtl. gekürzt wurden, sofort wieder als *nicht gezahlt* vermerkt. Wurde die Zahlung aus einer Vorrechnung gekürzt, erhöht sich dadurch die neuerlich errechnete Summe der aktuellen Anforderung.

Ein weiterer Vorteil einer differenzierten Abschlagsrechnung besteht darin, dass abgehakte Berechnungen in einer geprüften Abschlagsrechnung nur schwerlich in einer Schlussrechnung herausgestrichen werden können, denn diese wurde ja bereits als richtig angesehen und bezahlt. Darüber hinaus vergessen Sie auch kaum die Berechnung einer erbrachten Leistung, wenn Sie fortlaufende Aufstellungen zu Rechnungen machen, denn wenn sich ein Vorhaben über längere Zeit erstreckt, werden schon einmal ein paar Sachen in der Berechnung vergessen. Gerade die kontinuierliche Bearbeitung und Erstellung von Abschlagsrechnungen reduziert Ihr Risiko.

Wenn nicht anders vereinbart, gibt es keinerlei Beschränkungen, in welchem Rhythmus Sie diese Dokumente dem Kunden übermitteln. Stellen Sie also so oft eine Abschlagsrechnung, wie Sie es für angebracht halten – und wenn es eben jede Woche ist! Was Sie haben, das haben Sie erst einmal. Keine falsche Scham: auch eine Teilrechnung über 1.000,- € ist eine hübsche Summe. Sie haben dafür hart gearbeitet! Für den Auftraggeber ist es nur ein Klick als Onlineüberweisung.

Die Schlussrechnung

Grundsätzlich unterscheidet sich diese im Aufbau nicht von einer differenzierten Abschlagsrechnung und doch gibt es ein paar zusätzliche Punkte zu beachten:

Die als solche unbedingt zu bezeichnende Schlussrechnung zeigt auf, dass Sie die vertragsgemäße Leistung aus einem bestimmten Auftrag vollständig fertiggestellt haben. Diese Rechnung zeigt somit auch an, dass Sie um Abnahme bitten (siehe auch VoB). Ab diesem Rechnungsdatum beginnt die Frist, in welcher diese Abnahme erfolgen muss.

Beachten Sie, dass die Ausstellung der als solche bezeichneten Schluss- oder Abschlussrechnungen weitere Forderungen aus diesem Auftrag ausschließt. Sollten Sie sich also z. B. im Abnahmetermin über einen evtl. Abzug ärgern und eine als Kulanzleistung erbrachte Arbeit nachschieben wollen, so wird dieses nur schwerlich möglich sein.

Beispiel: Sie haben im Rahmen eines größeren Sanierungsauftrages den Schornstein auf Wunsch des Kunden verschiefert und nicht verputzt, so können Sie nach einer gestellten Schlussrechnung diese Leistung nicht zusätzlich geltend machen. Hier hätten Sie schon in der Rechnung die Zulage aufführen müssen, auch wenn Sie sich über einen anderen Abzug in der Abnahme geärgert haben.

Schreiben Sie eine Schlussrechnung erst, wenn auch wirklich alles erledigt ist, ansonsten legen Sie besser noch eine Abschlagsrechnung nach und verringern hierdurch die noch ausstehenden Beträge.

Es müssen zwingend alle bisher gestellten Abschlagsrechnungen und die erhaltenen Zahlungen in einer Aufgliederung ersichtlich sein, getrennt in Netto- und Bruttobetrag.

Abschluss des Bauvorhabens

Sind die eventuellen Mängel beseitigt und die Restzahlungen erbracht, ist der Auftrag erst einmal abgearbeitet.

Waren Sie zufrieden mit der Gesamtabwicklung und dem Kundenverhalten? Wenn das der Fall ist, überbringen Sie dem Kunden ein kleines Präsent in Form einer Flasche Wein und bedanken Sie sich für die angenehme Zusammenarbeit. Sie leben von und mit dem persönlichen Verhältnis zu Ihren Kunden. Der Kosten-Nutzen-Effekt ist erheblich. – *Arbeit fertig, Rechnung und ab dafür* ist in Hinsicht auf zukünftige Aufträge sehr ungeschickt. Bleiben Sie lieber in guter Erinnerung- und der nächste Auftrag flattert meist von ganz alleine ins Haus!

Sie waren gar nicht zufrieden mit der Abwicklung? Hier empfehle ich einen deutlichen Vermerk in Ihrer Kundenkartei darüber, wo die Probleme lagen. Sollte dieser Kunde in Zukunft noch einmal anfragen, dann wissen Sie im Vorfeld, wie Sie bei evtl. Verhandlungen zu agieren haben oder ob Sie überhaupt noch einmal etwas anbieten oder ausführen möchten.

Wenn Sie Ihre Kunden auch mit Neuerungen oder Angeboten informieren wollen, können Sie hier eine Selektion vornehmen.

Mitarbeiterführung im Handwerk

Einige grundlegende Verhaltensweisen möchte ich aus meiner Erfahrung aufführen:

- Natürlich ist jeder Mensch ein Individuum, mancher sensibler als ein anderer und einer geschickter und fleißiger als sein Kollege. Aber ein jeder ist Ihr Mitarbeiter und das Verhältnis von Ihnen zu den Beschäftigten somit immer gleich – selbst wenn der Mitarbeiter ein naher Verwandter sein sollte! Sie sind jedem gegenüber weisungsbefugt, auch wenn der Mitarbeiter vielleicht noch schneller und besser eine Arbeit erledigen kann als Sie.

- Es ist immer gut, sich auch die Meinung der Mitarbeiter anzuhören, denn möglicherweise hat einer bessere Ideen als Sie selber. Bedenken Sie aber immer, dass Sie als Chef für jede Entscheidung maßgeblich verantwortlich sind. Im Ernstfall kostet eine falsche Entscheidung nur Ihr eigenes Geld und nicht das Geld des Mitarbeiters. Wo es lang geht entscheiden also Sie alleine. Punkt. Viele kleine Chefs in einem Handwerksbetrieb darf es nicht geben.

- Sorgen Sie dafür, dass sich die Mitarbeiter mit dem Unternehmen identifizieren. Das fängt mit einer einheitlichen Bekleidung mit Firmenlogo an und geht weiter mit Betriebsversammlungen und Firmenfesten. Wer stolz ist auf sein Unternehmen, dem fällt die eine oder andere Überstunde deutlich leichter.

- Statten Sie ihre Mitarbeiter mit ordentlichem Werkzeug aus. Nur dann sind lästige Diskussionen auch über die erbrachte Arbeitsqualität und Arbeitsleistung in diesem Punkt auszuschließen. Wenn Ihnen der Mitarbeiter erklärt, die Wand musste ja schief werden, weil seine Wasserwaage zehn Jahre alt ist, aus Holz und schon zwölfmal vom Gerüst gefallen, dann haben Sie nicht viel zu erwidern.

- Wenn Sie einen Mitarbeiter mit einem Firmenfahrzeug ausstatten, welches er auch privat nutzen kann, dann achten Sie darauf, eine schriftliche Vereinbarung zu treffen. Darin vermerken Sie, welche Nutzung gemeint ist. Zur privaten Nutzung sollte nicht der Umzug seines Kumpels gehören und auch nicht die Nachbarschaftshilfe in Form von Materialtransporten. Unbedingt soll allerdings eine Vereinbarung über die Pflege enthalten sein, egal ob das Fahrzeug bei urlaubs- oder krankheitsbedingten Ausfällen von einem Kollegen bewegt wird. Stellen Sie sicher, dass auch private Nutzungen vom Versicherer abgedeckt sind.

- Kritisieren Sie die Leistungen oder das Verhalten eines Mitarbeiters nur in Ausnahmefällen vor einem Kunden oder Kollegen. Der alte Leitsatz Loben öffentlich – kritisieren unter vier Augen hat seinen Sinn. Die eine oder andere impulsive Äußerung direkt vor Ort kann erhebliche negative Auswirkungen mit sich bringen. – Sei es beim Kunden, der einen schlechten Eindruck bekommt, oder beim Mitarbeiter selbst, der plötzlich bloßgestellt wird. Wenn die Gemüter etwas abgekühlt sind, ist ein Gespräch deutlich effektiver.

Ich habe es allerdings auch schon erleben müssen, dass es notwendig war, diesen Leitsatz zu ignorieren. Auf grobes Fehlverhalten auf der Baustelle wie Alkoholmissbrauch oder Tätlichkeiten können Sie nur direkt durch einen unmittelbaren Verweis reagieren: *Verlassen Sie sofort das Gelände und melden Sie sich dann in meinem Büro.*

- Streitigkeiten zwischen Ihren Mitarbeitern können natürlich auch vorkommen. Ich empfehle hier folgendes Vorgehen:

Bestellen Sie erst einmal jeden der Streithähne einzeln zu sich in Ihr Büro und hören Sie sich jeweils seine Darstellung der Angelegenheit an. Hiernach bilden Sie sich Ihre Meinung zur Sachlage und überlegen sich eine Lösung, welche in erster Linie dem Unternehmen dienlich ist. Eine solche Lösung soll im besten Falle alle Beteiligten zufriedenstellen.

Das funktioniert leider nicht immer. Ihr Interesse als Chef muss allerdings im Vordergrund stehen, denn der Betriebsfrieden muss Ihr dauerhaftes Ziel sein.

Wenn Sie dann beide Mitarbeiter gemeinsam zu einem Gespräch bitten, leiten Sie das Gespräch in die von Ihnen gewünschte Richtung und erklären Sie beiden gemeinsam, welche Erwartungen Sie von deren Umgang miteinander haben.

Vermeiden Sie Partei zu ergreifen für einen der Mitarbeiter. Das Unternehmen und somit die Belage aller Beschäftigten müssen im Vordergrund stehen.

Ein solches Gespräch sollte immer mit einem Ergebnis enden und einer Vorgabe für die Zukunft. Auch mögliche Konsequenzen sollten Sie aufzeigen, ohne einen Einzelnen an den Pranger zu stellen.

Eine Ausnahme sind sicher Tätlichkeiten oder Straftaten, hier müssen Sie hart durchgreifen und auch vor Abmahnungen nicht zurückschrecken. Auch Kündigungen oder Strafanzeigen sind im Einzelfall dringend erforderlich.

- Seien Sie immer konsequent, bestimmt und so freundlich wie es die Situation erfordert. Erklären Sie Ihren Mitarbeitern, wie diese sich gegenüber Kunden und Kollegen zu verhalten haben. Wenn der Mitarbeiter nicht weiß, dass er sein Geschäft nicht im Keller, sondern nur auf dem Chemo-WC erledigen darf ... Nun ja. Gleiches gilt natürlich im Auftreten gegenüber Kunden: Was erwarten Sie von ihm, wenn er Ihren Betrieb repräsentiert?

- Auch wenn es dem einen oder anderen Handwerksunternehmer schwerfällt: Der Mitarbeiter kann nur bedingt Ihr Freund sein. Nicht nur der Unmut anderer Mitarbeiter über ein solches Verhältnis, sondern gerade der Umgang mit notwendigen Arbeitsanweisungen ist schwierig, wenn es um Ihren Freund geht. Mal ein Bier nach Feierabend ist kein Problem, beim achten Bier kann es aber zu einem werden.

- Die ausreichende Entlohnung ist natürlich immer ein Thema. Entlohnen Sie leistungsgerecht auf Grundlage der entsprechenden gesetzlichen Vorgaben. Vermeiden Sie ständige Nörgeleien um zu wenig oder zu spät gezahlten Lohn dadurch, dass Sie immer fristgerecht den Lohn überweisen, zumindest einen adäquaten Abschlag. Dieser sollte immer vor dem Monatsende auf dem Konto der Mitarbeiter sein, diese müssen Miete zahlen und haben ihre wiederkehrenden Abbuchungen. Hier dürfen Sie nicht angreifbar sein.

- Hören Sie sich die Sorgen und Nöte ihrer Mitarbeiter an – das gehört dazu! Ein immer mal wiederkehrendes Thema ist hierbei die Höhe der Entlohnung. Wie gerade schon erklärt: zahlen Sie auf Grundlage der gesetzlichen Vorgaben, gemäß der vereinbarten Berufsgruppierung.
Wenn ein Mitarbeiter bei Ihnen anklopft und um eine höhere Entlohnung bittet, ist das selbstverständlich legitim. Stellen Sie sich hierbei folgende Fragen:
  - Sind Sie zufrieden mit den bisherigen Leistungen des Arbeitnehmers?
  - Wie sind andere Mitarbeiter im Unternehmen entlohnt?

o   Gibt es Ihre wirtschaftliche Situation und die Auf-
      tragslage überhaupt her, hier Mehrkosten entstehen
      zu lassen?

o   Wie rechnen Sie diesen Mitarbeiter gegenüber Ihren
      Kunden hauptsächlich ab?

o   Wann bekam er die letzte Lohnerhöhung?

Diese Fragen beantworten Sie sich erst einmal selbst, dann wissen
Sie, in welche Richtung ein Ergebnis für Sie zufriedenstellend ist.
Vergessen Sie nicht, dass es für Sie genauso legitim ist eine Lohn-
erhöhung abzulehnen. Folgende Argumente sind oft hilfreich:

o   Weisen Sie grundsätzlich auf die Sicherheit seines
      Arbeitsplatzes und die pünktliche Lohnzahlung hin.

o   Weisen Sie darauf hin, dass er unter vorher verhan-
      delten Bedingungen bei Ihnen eingestellt wurde.
      Weshalb sollten Sie bei gleichen Bedingungen mehr
      bezahlen?

o   Leistet er mehr als in der ersten Zeit nach seiner Ein-
      stellung?

• Fragen Sie natürlich auch, was den Mitarbeiter dazu bringt,
   mehr Lohn zu erbitten? Welches sind die persönlichen Be-
   weggründe? Braucht er einfach nur mehr Geld, weil er nicht
   auskommt? Dann bieten Sie ihm evtl. die Möglichkeit von
   bezahlten Überstunden an. Denkt er, dass er gegenüber den
   Kollegen benachteiligt wird, weil er seiner Meinung nach
   mehr leistet? Fragen Sie ihn, ob Sie den Kollegen dann nicht
   besser weniger zahlen sollten, um ihm mehr zahlen zu können.

Wenn eine Lohnerhöhung nach Ihrer Überzeugung für das
Unternehmen nicht tragbar ist gehen Sie nicht ins Detail bezüglich Gewinn und Verlust. Mit den meist großen Zahlen
sind Mitarbeiter oft überfordert. Wie sollen Sie erklären,

dass er selbst 13,50 € pro Stunde erhält und Sie für ihn beim Kunden 65,- € in Rechnung stellen müssen, um 10 % Gewinn zu erzielen? Die Nennung von Kosten für Ausstattung, Steuern und Lohnnebenkosten macht nach meiner Erfahrung keinen großen Sinn.

Wie bei vielen anderen Auseinandersetzungen ist es wichtig, dass am Ende alle zufrieden sind. Der Weg dorthin führt über Ihre Persönlichkeit, einen vernünftigen Umgangston und den Willen zu einer Einigung. Stellen Sie eine Lohnerhöhung zu einem definierten späteren Zeitpunkt in Aussicht und überprüfen Sie in der Zwischenzeit den Arbeitnehmer in Hinsicht darauf. Bieten Sie evtl. Lohnersatzleistungen an. Auch geänderte Arbeitszeiten helfen oftmals – am Freitag nur bis 13.30 Uhr zu arbeiten anstatt bis 16.30 Uhr und diese Differenz auf die übrigen Tage zu verteilen wäre auch ein Entgegenkommen, das Sie keinen Cent mehr kostet und das Verlangen nach mehr Lohn evtl. vermeidet.

Abschließend zum Thema Lohn: Ein guter Mitarbeiter wird nicht besser wenn er mehr Lohn erhält – und zufriedener wird er deshalb auch nicht. Wichtig ist, dass die Entlohnung fair und tragbar ist.

- Achten Sie auf unbedingte Pünktlichkeit, gerade im Handwerk ist das extrem wichtig. Hier wird viel Zeit bzw. dann auch Geld verschwendet und Ihr Ruf steht auf dem Spiel. Überprüfen Sie fortlaufend die Leistungen Ihrer Mitarbeiter; diese müssen unbedingt wissen, dass Sie hier immer auf Ballhöhe sind. Ruckzuck könnte ansonsten ein Schlendrian Einzug halten, den Sie natürlich vermeiden müssen.

- Im Handwerk sind die Mitarbeiter und deren Können Ihr Kapital. Diese Menschen verdienen Ihnen ihr Geld vor Ort. Behandeln und beurteilen Sie diese Personen ordentlich und stets kritisch – was hier durchaus auch positiv aufzufassen ist. Erwarten Sie Respekt und respektieren Sie Ihre Mitarbeiter. Machen Sie sich keine Gedanken darüber, ob Sie überheblich oder herrisch wirken, wenn Sie eine Arbeitsvorgabe oder Arbeitsanweisung zu Überstunden geben, denn hierzu sind Sie nicht nur berechtigt, sondern auch verpflichtet.

- Je mehr Mitarbeiter Sie beschäftigen, desto mehr müssen Sie auf eine ordentliche und einheitliche Mitarbeiterführung achten. Gerade kleinere Handwerksunternehmen merken erst spät, dass die erhöhte Anzahl von Mitarbeitern nicht im gleichen Maße den Gewinn erhöht. Oft wächst ein Unternehmen so schnell, dass der Unternehmer erst später seine Überforderung erkennt und Verluste einfährt, die aufgrund der nicht ausreichenden Mitarbeiterführung und Kontrolle zustande kommen.

- Bei Neueinstellungen achten Sie neben den gewünschten Fertigkeiten und Qualifikationen auch in jedem Falle auf Ihr Bauchgefühl. Jemand, der zwar alle Voraussetzungen für den Job mitbringt, aber mit dem Sie sich selber schon nicht gerne umgeben möchten, stellen Sie besser nicht ein. Derjenige passt nicht zu Ihnen und somit auch nicht zu Ihrem Unternehmen.

- Sollte es zu Entlassungen kommen, aus welchem Grund auch immer, halte ich zwei Dinge für wichtig:
  o Erklären Sie den anderen Mitarbeitern, weshalb dem Kollegen gekündigt wurde. Es wäre schlecht, wenn die Kollegen Mutmaßungen darüber anstellen und evtl. um den eigenen Arbeitsplatz fürchten. Es zeigt auch Ihre eigene Erwartungshaltung auf und die Konsequenz Ihres Handelns.

o Zum anderen treffen Sie natürlich bei einer Kündigung immer eine Entscheidung, welche meist drastisch in das Leben des Gekündigten eingreift. Wenn Sie dennoch diesen Schritt für erforderlich halten, dann kann ich Ihnen nur sagen: Gut so! Diese Entscheidung ist richtig, denn es gehört zu Ihren Aufgaben auch solche Entscheidungen zu treffen – wer soll es sonst tun? Wenn das Gewissen auch zwickt – das ist auch in Ordnung, denn Sie dürfen sich es auch nicht zu einfach machen –, so handeln Sie doch immer im Sinne des Unternehmens und somit im Sinne von allen, die von und mit diesem Unternehmen leben und dieses auch in Zukunft tun möchten.

Praxistipp:

Versuchen Sie im Rahmen der gesetzlichen Möglichkeiten Zeitkonten für Ihre Mitarbeiter anzulegen. Auftrags- oder witterungsbedingt anfallen Mehr- oder Minderzeiten sind hier ein gutes Mittel, um Arbeitsplätze zu sichern und Auftragslöcher auszugleichen. Angesparte Lohnstunden bei Auftragsspitzen können in schlechteren Zeiten abgegolten werden. Die Sorge um den Arbeitsplatz wird geringer, wenn einmal wenig zu tun ist, und die Entlohnung bleibt gleichmäßiger.

Tragen Sie ein solches Modell Ihren Mitarbeitern vor. Die Akzeptanz ist oft dann sehr groß, wenn Sie sicherstellen, dass die angesparten Stunden in Geldwert zweckgebunden sicher hinterlegt werden.

Noch eine Sache, die leider häufig vorkommen kann, möchte ich Ihnen hier vortragen:

Verbieten Sie Ihren Mitarbeitern, für Ihre Kunden nebenbei tätig zu werden. Verbinden Sie dieses sogar mit einer möglichen Kündigung, wenn es vorkommen sollte.

Manche Auftraggeber sprechen Mitarbeiter gezielt an, um Arbeiten illegal ausführen zu lassen. Das Geld lockt da auf beiden Seiten. Davon abgesehen, dass dieses Verhalten ziemlich mies und illegal von beiden Seiten ist, müssen Sie zumindest von Ihrem Mitarbeiter unbedingte Loyalität erwarten. Auch werden zu solchen Anlässen oft Werkzeuge und Materialien von Ihnen benutzt, das ist natürlich inakzeptabel.

Machen Sie also hier keinesfalls mit – im schlechtesten Falle fallen alle Schwierigkeiten sogar auf Sie zurück.

Der Umgang mit Nachunternehmern

Nachunternehmer, auch Subunternehmer genannt, sind sorgfältig auszuwählen.

- Als Hauptauftragnehmer stehen Sie immer in der Gewährleistung – auch für die Arbeiten des Nachunternehmers. Sollten Sie aus irgendeinem Grund nicht auf den Subunternehmer zugreifen können, sei es durch seine Insolvenz oder aus anderen Gründen, dann haften Sie für die Ausführung und Kosten der Nachbesserungen.

- Das Verhalten, die Pünktlichkeit als auch die Arbeitsqualität des Nachunternehmers wird stets auch mit Ihnen in Verbindung gebracht. Achten Sie im Besonderen darauf, dass die Arbeitnehmer des Subunternehmers ordentlich angemeldet und versichert sind. Hierfür sind Sie mitverantwortlich! Sollte sich z. B. der Nachunternehmer Ihrem Auftraggeber gegenüber ungebührlich verhalten, fällt auch ein schlechtes Licht auf Sie selbst und Ihr Unternehmen, denn sie haben diesen ausgewählt!

- Binden Sie den Nachunternehmer vertraglich mindestens in der gleichen Weise mit in den Auftrag ein, wie Sie selbst eingebunden sind. Sollten Sie also z. B. eine Vertragsstrafe für eine Bauzeitenüberschreitung akzeptiert haben, dann muss auch der Nachunternehmer seinen Anteil an diesem Risiko tragen. Gleiches gilt für Gewährleistungsdauer oder spezielle Sicherheitsbestimmungen auf der Baustelle.

- Bedenken Sie auch, dass Sie nicht der Chef dieses Unternehmens sind. Sind Sie weisungsbefugt gegenüber den fremden Mitarbeitern? Ist Ihr Auftraggeber weisungsbefugt gegenüber Ihrem Nachunternehmer? In den meisten Fällen, in denen es hierbei zu Problemen kommt, wird die richtige

Kette der Befugnisse nicht eingehalten. Denken Sie also immer daran: Nur Sie sind der Auftraggeber Ihres Subunternehmers, nicht Ihr Auftraggeber. Ausführungsänderungen und Sonderwünsche müssen zuerst einmal an Sie übermittelt werden. Sie rechnen später diese Leistungen mit dem Auftraggeber ab – nicht Ihr Sub.

- Sollte ein Auftraggeber Ihrem Nachunternehmer, egal auf welche Art und Weise, einen Auftrag erteilen, in der Annahme, Sie rechnen diese Leistungen dann ab, machen Sie sich zuerst einmal mit der Sache vertraut. Um was geht es da eigentlich? Prüfen Sie, ob Sie diese Leistung überhaupt abrechnen wollen und können. Entspricht die Qualität und Art der Ausführung Ihren Anforderungen oder sind hier Gewährleistungsmängel zu erwarten?

- Ich rate dazu, sich vom Subunternehmer versichern zu lassen, dass er nicht ohne Ihre Zustimmung für Ihren Auftraggeber eigenständig tätig werden wird. Da Sie davon ausgehen können, dass der Subunternehmer eine spezielle Leistung günstiger anbieten kann als Sie selbst, ist es oft nur eine Frage der Zeit, wann sich der Kunde ohne Ihr Wissen an den Subunternehmer wendet. Sie sind dann den Kunden los und somit auch den Umsatz.

Die Arbeit mit Nachunternehmern hat sicherlich einige Vorteile: Sie können Auftragsspitzen abdecken, steigern Ihren Umsatz und somit den Gewinn. Sie können evtl. größere Aufträge annehmen oder auch Gewerke anbieten, die Sie selbst nicht ausführen können. Hier können Sie die Anzahl der eigenen Mitarbeiter beschränken und brauchen sich bei einer Auftragsflaute nicht mit Kündigungen zu befassen. Krankheitsbedingte Ausfälle beim Subunternehmer bringen Ihnen keine Schwierigkeiten ein und selbst die Arbeitsleistung und der Ertrag des Nachunternehmers hieraus tangieren Sie kaum.

Nachteile bei der Beschäftigung des Subunternehmers können sein:

- Die Akzeptanz der eigenen Mitarbeiter fehlt mitunter: *Die nehmen uns die Arbeit weg!*
- Die Solvenz des Nachunternehmers ist oft schwer durchschaubar.
- Ein erhöhter Aufwand im Büro durch größere Umsätze.

Schlusswort

Die Betriebsführung im Handwerk ist, wie Sie nun erkannt haben, umfangreicher, als morgens zur Baustelle zu fahren, zu arbeiten und abends das Geld mitzunehmen.

Machen Sie sich bewusst, welche Position Sie als Handwerkschef einnehmen und welche Persönlichkeit Sie nach außen hin darstellen wollen. Seien Sie authentisch und Sie selbst!

Je genauer Sie die schriftlichen Aufgaben erledigen, desto entlastender wird dies Ihre Auftragsabläufe beeinflussen. Und ich kann Sie nur warnen: Ein Handwerksmeister, der meint, dass er nur durch seine eigene handwerkliche Tätigkeit dauerhaft überleben kann, wird es in der heutigen Zeit sehr schwer haben. Hier gibt es heutzutage zu viele Gesetze, Vorschriften und Bestimmungen.

Ich hoffe das Ihnen mein Ratgeber etwas helfen konnte. Natürlich kann dieses Werk nicht alles und jedes beantworten. Ich biete Ihnen aus diesem Anlass die Möglichkeit zu vertiefenden Schulungen zu bestimmten Themen an. Scheuen Sie sich nicht Kontakt aufzunehmen und senden Sie mir eine E-Mail, wenn Sie z. B. eine vertiefende Schulung zu den im Buch angesprochenen Themen wünschen.

Ihr

Stefan Groß

Checklisten

- **Erste Kontaktaufnahme**

- Beurteilung ob der Kunde persönlich meinen Vorstellungen entgegenkommt und meinerseits überhaupt Interesse an einer Angebotsabgabe besteht.
- Kontaktdaten notieren, einpflegen, Termine einpflegen.
- Passt die Anfrage in mein Leistungsspektrum und habe ich die notwendigen Kapazitäten für eine evtl. Ausführung?
- Telefonische Preisabgaben vermeiden.
- Gibt es bereits ein Leistungsverzeichnis und oder Planunterlagen?
- Terminvereinbarung direkt im Erstgespräch.
- Anfragen über E-Mail bei Neukunden genau prüfen.
- Schriftliche Ausschreibungen auf Termin legen.

- **Erster Ortstermin beim Kunden**

- Pünktlichkeit – frühzeitig anrufen bei Verschiebung.
- Gepflegte saubere Kleidung.
- Angemessenes Fahrzeug.
- Alle Anwesenden mit Namen begrüßen.
- Abbruch des Termins beim Antreffen von Mitbewerbern.
- Hinweis, dass ausschließlich fachgerechte Leistungen angeboten werden (Gewährleistungsanspruch).
- Fotos machen und ausreichende Aufmaße machen.
- Erweiterungs- oder Alternativangebote ansprechen.
- Keine konkreten Angaben über Preise oder Fristen machen – erst kalkulieren.
- Wer genau ist der Auftraggeber?

- Konkrete Angabe über den Versand des Angebotes machen, evtl. Besprechung des Angebotes persönlich.
- Visitenkarte weitergeben.

- **Angebot**

- Systemvoraussetzungen EDV sicherstellen.
- Angebote immer schriftlich erstellen, in formrichtiger Optik, evtl. Fotos und Erklärungen zu Ausführung und Material anfügen.
- Bei eigens erstellten Angeboten haften Sie für die Richtigkeit der geplanten technischen Ausführungen! Rechtssichere Beschreibungen wählen (DIN Vorschriften beachten).
- Form des Angebotes in Hinsicht auf die Schwierigkeit der Leistung, in Hinsicht auf die eigene Auslastung und in Hinsicht auf das zu erwartende Kundenverhalten auswählen. Gleiches gilt für die Preisgestaltung.
- Angebotsmengen nicht wissentlich unterschreiten.
- Hinweis auf den evtl. Einsatz von Subunternehmern.
- Hinweis auf die Abrechnungsgrundlage und Art (z. B. VoB Abrechnung nach Aufmaß).
- Nachfrage zu Angeboten (Preisspiegel etc.), auch wenn der Auftrag anderweitig vergeben wurde.

- **Kalkulation**

- Kalkulation mit EDV vornehmen.
- Mittellohn ermitteln.
- Kalkulationen immer intern mit Zeitansätzen und Materialanteilen hinterlegen.
- Gewünschten Verdienst beachten, nicht am Marktpreis orientieren.

- Keine Parallelkalkulation vornehmen, jede Position reell kalkulieren.
- Eigene Arbeitsleistungen beachten und einfließen lassen.
- Eigene Auslastung bei der Preisgestaltung beachten.
- Verfügbares Personal beachten.
- Evtl. Subunternehmer zur Preisgestaltung einbeziehen.
- Fahrwege und Fahrzeiten beachten.
- Besondere Umstände und evtl. Wartezeiten beachten.
- Evtl. Lohnerhöhungen während der Bauzeit beachten.
- Auftragsverhandlungen.
- Mit wem wird verhandelt (Profi oder Laie)?
- Ruhe bewahren und keine vorschnellen Abschläge gewähren. Auf Augenhöhe verhandeln.
- Das Geben und Nehmen beachten – jeder Nachlass muss auch einen Vorteil für Sie erbringen (z. B. Anzahlung, Bauzeit, Arbeitsbeginn).
- Nicht über Einzelpositionen verhandeln, wenn diese nicht krass abweichen – Sie haben diese mit ihren Möglichkeiten kalkuliert.
- Nachlässe und Skonto können auch Nachkommastellen haben (z. B. 2,5 %).
- Nachunternehmer müssen in die Rabatte einbezogen werden.
- Vereinbarungen über Vertragsstrafen vermeiden (Höchstgrenzen beachten).
- Vorsicht bei einem unguten Bachgefühl.

- **Werklieferungsvertrag**

- Vertragsform schriftlich.
- Wer erteilt Ihnen den Auftrag? Bei Erfüllungsgehilfen Berechtigung nachweisen lassen.

- Wer ist Ihnen und Ihren Mitarbeitern gegenüber weisungs- und zeichnungsberechtigt?
- Sind alle mit Ihnen im Besonderen verhandelten Punkte richtig vermerkt?
- Welche Ausführung, bzw. Rechtsgrundlage wurde vermerkt? (Wie z. B. der VoB (Verdingungsordnung für Bauleistungen.)) Evtl. beraten lassen.
- Nimmt der Auftrag Bezug auf Ihr zugehöriges Angebot und wird dieses auch als Grundlage des Auftrages genannt?
- Sind definitive Zahlungsziele benannt?
- Was gilt hier als Beginn der Frist?
- Ist die Höhe der Zahlungsbeträge von Teilzahlungen festgelegt und wie viele Teilrechnungen können Sie für dieses Projekt ausstellen?
- Ist die Art der Abrechnung angegeben (Abrechnung nach Aufmaß, Festpreis, nach Aufwand etc.)?
- Sind die Bedingungen über Vertragsstrafen richtig wiedergeben?
- Dürfen Sie Subunternehmer beschäftigen und wenn ja, sind diese auch definiert?
- Gibt es versteckte Nachlässe wie z. B. Schuttbeseitigung oder Bauwesenversicherungen anteilig auf Kosten des Auftragnehmers?

- **Arbeitsvorbereitung**

- Projektmappe anlegen, auch für die Ausführung vor Ort (relevante Daten anlegen).
- Evtl. Materialien mit Lieferzeit beachten.
- Materialeinkauf nachverhandeln.
- Evtl. Subunternehmen zeitgemäß beauftragen.

- Speziell erforderliche Werkzeuge vorbestellen.
- Leistungsverzeichnis ohne Preise erstellen für AFÜ vor Ort.
- Spezielle Anforderungen der Kunden schriftlich für Mitarbeiter vorbereiten (Sicherheit, Verhalten Verbote).
- Mitarbeiterplanung überprüfen.
- Einweisung Mitarbeiter zu Tagelohnberichten (Wer darf schreiben und unterschreiben?) – Schulung durchführen.

- **Ausführung**

- Der erste Eindruck zählt. Anfangstermine einhalten und ordentliches Auftreten beim Baubeginn.
- Persönliche Einweisung der Mitarbeiter vor Ort.
- Info an die Mitarbeiter, wer weisung- und zeichnungsberechtigt ist.
- Schutzausrüstung und geprüfte Werkzeuge beachten
- Vergleich der vorgefundenen Örtlichkeit mit den kalkulierten Bedingungen.
- Sofortige Reaktion bei Unterdeckungen (Mitarbeiter anweisen, evtl. Vergabe an Subunternehmer).
- Sauberkeit auf der Baustelle sicherstellen.
- Parallele Zeiterfassung zur Beurteilung der Kostenentwicklung.
- Evtl. Nachträge schriftlich einreichen und bestätigen lassen.
- Differenzen mit dem Auftraggeber sofort bearbeiten und ausräumen.
- Behinderungsanzeigen ausstellen, wenn es notwendig ist.
- Bei Zahlungsverzug möglichst die Arbeiten zeitnah einstellen und künftige Zahlungen mit dem Auftraggeber besprechen.

- **Tagelohnberichte**

- Erstellung eines Formblattes in Hinsicht auf die Belange Ihres Unternehmens.
- Einweisung der Mitarbeiter in Hinsicht auf das ordentliche ausfüllen der Tagelohnberichte sowie in Hinsicht auf die Unterscheidung der Leistungspositionen des Leistungsverzeichnisses und evtl. zu erfassender Tagelohnarbeiten.
- Einweisung der Mitarbeiter – Zeichnungsberechtigung des Auftraggebers oder seiner Bevollmächtigten.
- Evtl. zu vergütende Fahrzeiten vorher mit dem Auftraggeber abstimmen.
- Tagelohnberichte zeitnah anfertigen und vom Auftraggeber gegenzeichnen lassen.

- **Abnahme/Abrechnung**

- Abnahmeprotokoll anfertigen/unterzeichnen.
- Evtl. Mängel sofort beheben und Behebung abnehmen lassen.
- Alle Rechnungen prüfbar mit einer Mengenermittlung intern erfassen, auch bei pauschalen Rechnungen an den Kunden.
- Schnellstmöglich Abschlussrechnungen ausfertigen (Gewährleitungsbeginn, Anzeige der Fertigstellung durch Schlussrechnung).
- Alle geleisteten Zahlungen brutto/netto in der Abschlussrechnung aufführen, sonst Formfehler.
- Evtl. geforderte Belege, Zertifikate und Prüfungsdokumente mit beifügen.
- Zahlungen in der Rechnung befristen.
- Evtl. Lohnanteile ausweisen (Privatkunden).

- **Nachbereitung**

- Nachkalkulation durchführen und evtl. Verlustbereiche erkennen (Gleiches gilt für zu hoch kalkulierte Ausführungen) für spätere Angebote.
- Mitarbeitergespräch über evtl. Missstände bei der Ausführung.
- Dankschreiben an den Kunden mit der Aussage, sich auf künftige Aufträge zu freuen (evtl. Flasche Wein, Präsent etc.).
- Beurteilung des Gesamtablaufes und Zahlungsverhaltens für evtl. künftige Aufträge dieses Kunden.

- **Mitarbeiterführung**

- Entlohnung im Rahmen der gesetzlichen Vorgabe.
- Ordentliches Werkzeug bereitstellen.
- Verhaltensvorgaben schriftlich mitteilen.
- Loben öffentlich , tadeln unter vier Augen.
- Pünktliche Lohnzahlung.
- Stundenkonten anlegen.
- Verbot von Nebentätigkeiten für Ihre Kunden.

- **Der Umgang mit Nachunternehmern**

- Prüfen Sie den Nachunternehmer auf seine Solvenz.
- Bestätigung der ordentlichen Anmeldung und Versicherung von Arbeitnehmern des Nachunternehmers.
- In den eigenen Vertrag mit einbinden bez. Terminen, Gewährleistung und evtl. Strafen.
- Vereinbarung abfordern – er darf keine Aufträge mit Ihrem Kunden abwickeln ohne Ihre Zustimmung.
- Arbeitsqualität muss Ihren Ansprüchen genügen.
- Weisungsbefugnisse abklären.

Zeitfracht Medien GmbH
Ferdinand-Jühlke-Straße 7
99095 Erfurt, Deutschland
produktsicherheit@kolibri360.de